浙江乡村振兴研究报告 2021

ZHEJIANG XIANGCUN ZHENXING
YANJIU BAOGAO 2021

浙江农林大学浙江省乡村振兴研究院 ◎ 编

中国农业出版社
北 京

ZHEJIANG XIANGCUN ZHENXING
YANJIU BAOGAO 2021

《浙江乡村振兴研究报告2021》

编 委 会

序 PREFACE

2021年是建党100周年，中国共产党100年波澜壮阔的奋斗史，也是破解中国“三农”问题的曲折而辉煌的百年乡村建设史。在过去100年间，我国从积贫积弱迈向繁荣富强，中华民族迎来了从站起来、富起来到强起来的巨大飞跃。尤其是从温饱不足到迈向全面小康，困扰中华民族几千年的绝对贫困问题历史性地得到解决，取得了令全世界刮目相看的重大胜利。“三农”问题始终是我国建设和改革的根本问题。党的十八大以来，党中央坚持把解决好“三农”问题作为全党工作的重中之重，并实施乡村振兴战略，推动农业农村取得历史性成就、发生历史性变革。2021年也是“十四五”的开局之年，“十四五”时期，是乘势而上开启全面建设社会主义现代化国家新征程、向第二个百年奋斗目标进军的第一个五年。全面建设社会主义现代化国家，实现中华民族伟大复兴，最艰巨最繁重的任务依然在农村，最广泛最深厚的基础依然在农村。

立足新时代，顺应新要求，回应新关切，勇担新使命！2021年，浙江省乡村振兴研究院围绕“碳达峰碳中和”“共同富裕”“数字乡村”等重大主题，积极建言献策，16件咨询报告获得省部级以上领导批示或采纳，国家有关领导人批示实现重大突破；这一年，研究院专家深耕理论研究，发表学术论文30余篇，省部级以上项目立项32项，获得省哲学社会科学优秀成果奖一等奖1项、二等奖1项，中央农村工作领导小组办公室、农业农村部乡村振兴软科学研究优秀成果奖1项。这一年，接续举办第二届长三角V30村书记论坛，以“建党百年谋发展乡村振兴共富裕”主题为长三角一体化背景下的乡村振兴带来更多的“领头雁”效应；这一年，启动“乡村振兴大讲堂”，努力打造一个在省内外具有重要影响力的乡村振兴交流分享大平台；这一年，积极服务地方需求，与嘉兴市秀洲区人民政府合作共建中国（嘉兴）城乡融合发展研究院，助力国家城乡融合发展改革试验。积极响应省社会科学界联合会社科赋能山区26县跨越式高质量发展，组建4个专家团队；这一年，研究院媒体影响力大大提升，接受中央电视台《焦点访谈》、浙江卫视《今日评说》和《光明日报》等多家媒体采访共42人次；这一年，研究院人才队伍不断成长，研究院1人获得国家部委来函感谢，1人获全省基层理论宣讲“成绩突出的个人”表彰，1人受聘为政协浙江省委员会应用型智库成员，1人受聘为浙江省委高质量发展建设共同富裕示范区咨询委员会委员，2人受聘为浙江省农村发展研究中心组成人员，1人当选中国农村发展学会副会长，2

人受聘为浙江省习近平新时代中国特色社会主义思想研究中心学术委员会委员，2 人受聘为首批浙江省新时代中国特色社会主义思想研究中心研究员。这一年，研究院牵头在全省成立浙江省生态文明智库联盟。

《浙江乡村振兴研究报告 2021》就是浙江省乡村振兴研究院一年研究成果的集中展示，本书收编了 2021 年研究院主要研究成果 35 篇，并按照内容分为综合研究、产业振兴研究、生态文明研究、乡村治理研究和强村富民研究五个部分。这些成果大多在报刊上公开发表，或获得省部级以上领导的批示。本书所列报告高度聚焦浙江省当前“三农”发展的热点、难点问题，提出有针对性、可操作性的对策建议，可为浙江省乃至全国其他省份乡村振兴发展决策提供有益参考。

赓续前行，奋楫争先。2022 年，浙江省乡村振兴研究院将以服务国家乡村振兴重大战略为使命，以浙江乡村振兴的经验理论提升和推广为重点，努力在浙江高质量发展建设共同富裕示范区和推动浙江省农业农村现代化过程中展现担当、贡献智慧、彰显作为。希望本智库同仁再接再厉，不断深化对乡村振兴的重大理论和实践问题研究，积极顺应时代要求、回答时代课题，更加深入地解码浙江乡村振兴，不断提炼浙江探索经验，为乡村振兴大业提供重要的理论支撑和智力支持，以优异的成绩迎接党的二十大胜利召开。

浙江农林大学浙江省乡村振兴研究院院长　沈月琴

2022 年 4 月 10 日

目录 CONTENTS

综合研究

生态文明建设助推共同富裕的思路与对策[*]

沈满洪[**]

一、生态福利应纳入共同富裕框架

习近平总书记指出："人民对美好生活的向往，就是我们的奋斗目标。"美好生活必须建立在经济基础之上，但绝不仅仅是经济基础。因此，共同富裕首先是经济意义上的共同富裕，但不仅是经济上的共同富裕，而且是物质上和精神上的共同富裕，也是经济上和生态上的共同富裕。从效用函数看，效用水平是收入水平与环境质量的函数，即：$U=U(Y, E)$。如果效用水平 U 与收入水平 Y、环境质量 E 都是正向关系的，那就是经济增长没有损害生态环境质量，属于生态经济协调发展；如果效用水平 U 与收入水平 Y 正相关，与环境质量 E 负相关，那就说明经济增长是以生态环境破坏为代价的。

浙江省的安吉县、桐庐县等属于生态经济协调发展县，经济增长促进效用水平的上升，生态环境质量的改善也促进效用水平的上升，生态和经济均促进共同富裕。但是，有的县域生态环境质量改善了，但是经济增长没有上去，因此尚未解决共同富裕的问题。以癌症村著称的某些县域经济增长上去了、生态环境质量下来了，"口袋鼓起来，身体垮下去"，更谈不上共同富裕。

"绿水青山就是金山银山"理念提出16年来，人们往往从经济角度理解，即：经济生态化——经济增长不再建立在生态环境破坏的基础之上；生态经济化——生态环境资源转化成经济资源和绿色财富。经济生态化，扭转了经济增长以破坏环境为代价的做法，解决了外部性的内部化，解决了生产者和消费者的福利扭曲。生态经济化，扭转了"生态资源无偿使用"的资源配置扭曲问题，提升了农村居民的收入，通过生态产品交易实现了城乡之间的财富转移。

但是，经济生态化和生态经济化只是"绿水青山就是金山银山"理念的经济学意义。"绿水青山就是金山银山"理念还具有生态学意义。在收入水平相同的情况下，置身于生态优美的环境下，会感到幸福满满；置身于生态退化的环境下，会感到忧心忡忡。可见，生态好坏直接影响了福利大小，生态是一种福利。因此，即使生态的经济价值没有转化，

---

* 本文获得浙江省主要领导批示。

** 作者简介：沈满洪，浙江农林大学党委书记、浙江农林大学浙江省乡村振兴研究院研究员、浙江农林大学生态文明研究院院长、教授。

生态改善就是福利增加，生态退化就是福利下降，从生态福利角度也可以理解“绿水青山就是金山银山”。

二、生态平等可助推实现共同富裕

习近平总书记指出：“良好生态环境是最公平的公共产品，是最普惠的民生福祉。”公共产品就是具有非竞争性和非排他性的物品。任何人的消费排除不了其他人的消费，因此，是最公平的。“良好生态环境”是正的公共产品，是公共福利；“劣质生态环境”是负的公共产品，是“公地的悲剧”。这就是说，生态面前人人平等。

既然生态面前人人平等，“良好生态环境是最普惠的民生福祉”，就意味着生态福利的提高可以加快共同富裕的进程。如果福利水平 F 是由经济福利 F_1 和生态福利 F_2 两个部分加总而成，即：$F=F_1+F_2$。做大 F_2 就意味着人均福利就做大了。当然，福利函数可能是：$F=F_1（F_2）+F_2（F_1）$。该函数表明，生态福利会影响经济福利，经济福利也会影响生态福利。在这种情况下，更加说明生态福利的改善可以促进共同富裕程度的提高。

既然生态面前人人平等，就要把生态文明建设放在“五个一”的地位：把生态文明建设纳入“五位一体”总体布局；把绿色发展纳入新发展理念；把坚持人与自然和谐共生纳入新时代中国特色社会主义“十四大方略”；把污染防治攻坚战纳入“三大攻坚战”；把美丽中国纳入社会主义现代化强国目标。

把生态文明置于“五个一”的地位，就是促进民生福祉，促进共同富裕。当然“五个一”的地位是不同的。前三个一是总体上的；第四个一是生态环境安全需要，要解决的是“生态负福利”的减少；第五个一是生态环境审美的需要，要解决的是“生态正福利”的增加。从数学意义上看，不管哪一个“一”改善，都能够带来生态福利。

三、打通生态产品的供求渠道，促进共同富裕

生态产品是一种高档货和奢侈品。随着收入水平的上升，人们不再停留于低层次的需要，高层次的需要不断提上议事日程，人们对优质生态环境和优质生态产品的需求呈现出递增趋势。这就是生态需求递增规律。

生态产品的供给者往往是农民，生态产品的需求者则主要是城市居民。相对而言，城市居民收入水平高，而城市的生态环境质量不如乡村；乡村的生态环境质量好，而乡村居民的收入水平不如城市居民。由于生态产品的价格远高于非生态产品，因此，生态产品流向城市，通过市场交易可以促进社会财富从城市居民向农村居民的转移，农村居民通过出售生态产品增加了收入，城市居民通过消费生态产品增加了效用。城市居民流向乡村，享受天然氧吧、负氧离子、有机食品、生态旅游，让农村居民增加收入，让城市居民增加效用，同样通过财富的转移促进了共同富裕。

当然，生态产品的生产和营销面临“两大风险”：一是灾害风险；二是假冒风险。为此，生态产品的生产环节需要建立保险机制——通过保险机制分散生态产品生产中可能出现的病虫害等灾害风险，生态产品的销售环节需要加强信息甄别——通过防伪标记、产品直供等方式加强信息甄别以防止假冒伪劣的“生态产品”。另外，生态产品的营销过程中需要加强品牌化建设——通过生态产品的品牌化提高其产品的附加值，努力从“一乡一品”升格为“一县一品”，做大品牌的规模经济效应，实现生态产品价值的大幅度增值。

四、改革生态产权制度，让农民参与生态要素收益分配

在新古典经济学中，简化后的生产函数就是$Q=F$（L，K）。这表明，产品的最大产出数量Q是劳动投入量L和资本投入量K的函数。这一生产函数的前提假设是：自然资源与环境资源是可以无限供给的。

实际上，生产要素除了劳动和资本外还有生态要素，生态要素除了土地以外还有众多的要素：森林资源、湿地资源、水体资源、荒地资源、沙漠资源、冰川资源、海洋资源等狭义的自然资源；有生态平衡资源、排污容量资源等环境资源；有碳容量资源、碳汇资源等气候资源。

一旦把这些生态要素纳入财富分配体系，农民不仅可以获得劳动收入而且可以获得要素收入，从而可以大大促进共同富裕。假如仅仅考察每个人的生存权和发展权，就城乡而言，乡村的环境权收益＝（区域的人均排污量－某个乡村的人均排污量）×乡村人口数×排污权价格。乡村的用能权收益＝（区域的人均用能量－某个乡村的人均用能量）×乡村人口数×用能权价格。乡村的碳排放权收益＝（区域的人均碳排放量－某个乡村的人均碳排放量）×乡村人口数×碳排放权价格。乡村的碳汇权收益＝（某个乡村的人均碳汇量－区域的人均碳汇量）×乡村人口数×碳汇价格。

一旦将生态要素纳入财富分配体系，那么，就可以真正做到在山靠山、在水靠水、在海靠海，真正实现城乡之间的共同富裕。因此，要大力推进生态要素产权制度改革，让农民参与生态要素收益分配从而提高要素收入和绿色财富。

五、推进生态产权交易，实现更高层次的共同富裕

长期以来，自然资源、环境资源、气候资源是共享资源、开放产权。随着自然资源稀缺性的增加，自然资源产权的界定成本大幅度下降，自然资源产权界定及其交易成为可能。对于中国而言，自然资源产权、环境资源产权、气候资源产权都是可以借鉴土地制度改革的做法，把使用权从所有权中分离出来，推进使用权的交易，通过交易实现社会福利的最大化。

正因为如此，党的十八大报告提出“积极开展节能量、碳排放权、排污权、水权交易试

点”，党的十八届三中全会修改为“实施节能量、碳排放权、排污权、水权交易制度”，党的十九届五中全会概念微调为“实施用能权、用水权、排污权、碳排放权交易制度”。

为此，要推进生态产权从“不控总量”到“总量控制”的转变，从“开放产权”到“封闭产权”的转变，从“无偿使用”到“有偿使用”的转变，从“不可交易”到“鼓励交易”的转变。

但是，生态产权交易制度改革需要有自我革命的精神。在实地调研中往往发现，国家有关部门和有些地方就是表面上试点，实质上不推动。排污权交易试点试了 30 多年，用水权交易试点试了 20 多年。既不否定，又不肯定。为何进入这种状态，不外乎是改革会革除自己的利益。一方面，是缺乏动力。例如，黄河流域的水权交易各方面条件均已具备，但是，一旦将水资源配置权交给市场，水利部门的权利就会下降，水利部门的编制就会核减。另一方面，对于地方政府而言，还存在一个制度偏好的问题。有的省份在推进水权交易制度改革时“应付了事，能拖就拖”，而在推进水资源税制度改革时则“一改就灵，全面铺开”。以为水资源税制度可以让政府增加税收收入，殊不知水资源税制度的首要目标是为了节约用水，保障生态用水。

因此，应该将生态产权制度改革纳入中央和地方的巡视范畴，向不思改革问责，向不思改革开刀。谁不推动改革，谁就是不执行中央部署，谁就是不推进共同富裕。通过“压力型”制度创新驱动生态产权制度改革，并真正产生促进共同富裕的制度绩效。

嘉兴市秀洲区国家城乡融合发展试验区建设构想

顾益康　潘伟光　俞金华　成勤勤*

浙江是中国革命红船的起航地、改革开放的先行地、习近平新时代中国特色社会主义思想的重要萌发地。秀水泱泱的嘉兴市秀洲区，自古是“嘉禾熟、天下足”的江南鱼米之乡。改革开放以来，勤劳智慧、勇于创新的秀洲人民，在“开天辟地、敢为人先的首创精神，坚定理想、百折不挠的奋斗精神，立党为公、忠诚为民的奉献精神”的“红船精神”引领下，率先开展了突破城乡二元体制的改革。2004 年 3 月，时任浙江省委书记的习近平同志到嘉兴蹲点调研，指出“嘉兴完全有条件成为全省乃至全国统筹城乡发展的典范”，对秀洲提出了“继续坚持以城带乡、以工促农，努力在城乡一体发展方面走在前列”的殷殷嘱托。17 年来，秀洲始终牢记嘱托，一张蓝图绘到底，一任接着一任干，全力推进城乡一体化发展。

2017 年，党的十九大报告首次提出“建立健全城乡融合发展体制机制和政策体系”，2019 年 4 月，中共中央国务院发布《关于建立健全城乡融合发展体制机制和政策体系的意见》，并在同年 12 月公布了 11 个国家城乡融合发展试验区名单，以习近平新时代中国特色社会主义思想为指导，率先建立起城乡融合发展体制机制和政策体系，加快形成新型城乡融合发展格局，充分释放引领示范带动效应，为全国提供可复制可推广的典型经验和体制机制改革措施。嘉湖片区（嘉兴、湖州全域）被列为 11 个试验区之一。

2019 年秀洲区勇挑国家城乡融合发展试验区嘉兴市的先行先试任务，城乡关系逐步实现从城乡改革裂变到城乡统筹蝶变再到城乡融合聚变的大变革，初步构建起工农互促、城乡互补、协调发展、共同繁荣的新型城乡关系，探索了一条以城乡融合发展促进共同富裕的有效路径，努力实现从中国革命红船“起航地”到中国城乡融合发展“领航地”的新飞跃。

一、秀洲区城乡融合发展试验的实践基础

城乡融合发展是城乡关系新的发展阶段，嘉兴秀洲区国家城乡融合发展试验具有深

* 作者简介：顾益康，浙江省文史馆馆员、浙江农林大学浙江省乡村振兴研究院教授；潘伟光，浙江农林大学浙江省乡村振兴研究院执行院长、教授；俞金华，浙江省嘉兴市秀洲区人大农业与农村工作委员会主任；成勤勤，浙江省嘉兴市秀洲区卫生健康局党委委员、副局长。

厚的实践基础，从实践发展的历程看，大体经历了三个重要阶段。

（一）第一阶段：城乡统筹推进一体化（2003—2007 年）

2003 年 7 月，时任浙江省委书记的习近平提出了引领浙江现代化发展的总纲领和推进浙江各项工作的总方略，即“八八战略”，其中一条是“进一步发挥浙江的城乡协同发展优势，统筹城乡经济社会发展，加快推进城乡一体化”。2004 年，嘉兴市委以 1 号文件形式发布《嘉兴市城乡一体化发展规划纲要》，秀洲区委发布了《嘉兴市秀洲区城乡一体化发展规划纲要》。这一阶段明确城乡联动发展、整体推进的战略导向，强化以城带乡，重点推动资源要素向农村倾斜，基础设施向农村延伸，社会事业向农村覆盖。秀洲区自 2003 年启动“十百工程”建设，2007 年年底实现村庄整治行政村全覆盖，率先建立了“户集、村收、镇运、区处理”的农村垃圾集中收集处理工作机制，首创“四级筹资，两级管理”的新型农村合作医疗管理模式，受到了国务院有关领导的高度评价。

（二）第二阶段：城乡综合配套改革发展（2007—2017 年）

2007 年，党的十七大对统筹城乡发展提出了新方针、明确了新要求。党的十七届三中全会通过《中共中央关于推进农村改革发展若干重大问题的决定》，省委、省政府赋予嘉兴统筹城乡综合配套改革试点的重任。秀洲区以“两分两换”为抓手，以“两新工程”为载体，全面实施“十改联动”，即以土地使用制度改革为核心，协调推进充分就业、社会保障、户籍制度、新居民服务、涉农管理、村镇建设、金融体系、公共服务、区域统筹等九项改革。先后出台《关于开展统筹城乡综合配套改革试点推进城乡一体化的工作意见》《关于深化“两分两换”推进农房改造集聚加快现代新市镇和城乡一体新社区建设的意见》《关于深化统筹城乡改革发展全面提升“两新”工程同步推进工业化、城市化和农业现代化的实施意见》等文件，并率先在陡门村启动“两分两换”试点，农房整村置换公寓房、建设城乡一体新社区，土地全域流转、实行适度规模经营，较好地实现了土地节约集约有增量、农民安居乐业有保障、政府运作资金能平衡的目标，成为全市面上典范。在此基础上秀洲区以加速建设全域美丽全民富裕大花园为目标，不断深化美丽乡村建设，创建了建林村等一批 A 级景区村庄，启动五个小城镇综合整治，且均以高分通过省市验收考核，积极打造世界级的诗画江南。

（三）第三阶段：城乡融合发展（2017 年至今）

2017 年，党的十九大作出了实施乡村振兴战略的重大决策部署，明确建立城乡融合发展体制机制和政策体系的具体任务。2019 年，中共中央、国务院出台了《关于建立健全城乡融合发展体制机制和政策体系的意见》，国家发展和改革委员会等十八部委出台了《国家城乡融合发展试验区改革方案》，嘉兴市全域入选国家城乡融合发展试验区，市委、市政府更赋予秀洲区先行先试的重任。秀洲区委、区政府制定了《秀洲区建设国家城乡融合发展试验区实施方案（2020—2025）》，系统构建“1＋5＋N”城乡融合改革政策体系，开展规划设计引领、土地综合整治、重点平台建设、制度创新突破、要素保障等五大行动，实施了一系列城乡融合改革新项目，统筹规划越来越优、产业融合越来越紧、镇村建设越来越美、民生保障越来越强、农村改革越来越深、基础设施越来越牢，开启了新时代城乡融合发展的新篇章。

二、秀洲区城乡融合发展试验的初步构想

（一）城乡融合发展试验的历史与理论逻辑

1. 从大历史观来看城乡关系演变。城乡关系、工农关系是人类经济社会发展中极其重要的一对关系。在人类历史长河中，先有乡村，后有城市，城市和乡村是人类两个相互依存又相对独立的生存发展空间和不同形态。乡村主要是农业生产活动的场所和农民生活的居住地，城市是二、三产业的集聚地和市民的生活地。随着人类生产力和生产关系的发展，城乡关系也在发生相应变化。近现代以来，随着工业化、城镇化、市场化程度的加深，城乡关系从城乡分立走向城乡融合发展，城乡一体化发展已成为社会发展的基本趋势。

2. 新中国成立以来我国城乡关系的演变。新中国成立后，我国实施工业化、城市化发展的赶超战略，采取了我国计划经济和二元分割经济社会制度，以牺牲乡村和农民的利益来发展城市、发展工业，由此形成了长期城市偏向的城乡关系，城乡分割的二元经济社会结构成为制约我国城乡协调发展的根本性体制障碍。

3. 改革开放以来城乡关系演变。改革开放以来，我国城乡关系经历了城乡裂变、城乡蝶变、城乡聚变三个阶段。城乡裂变借用了“核裂变”的概念，是指质量大的原子裂变成小原子的原子弹爆炸的能量释放过程，城乡裂变就是指通过市场化改革，让农户从“大锅饭”“大呼隆”的集体经营中解放出来实行家庭经营，成为独立的市场主体，并通过乡镇企业、个私经济和民营经济的发展，促成农民这一中国社会最大群体的分工、分业、分化和亿万农民创业创新积极性的充分激发，由此来推动整个中国的市场化、工业化、城镇化水平的提高，释放出中国农村改革发展和中国改革开放的巨大能量。但同时我们也必须看到，城乡裂变是一个希望与阵痛并存的过程。在一部分农民先富起来以及工业化和城市化加速推进的进程中，也出现了乡村资源要素的流失、农业劳动力的老龄化、农村空心化和环境脏乱差等问题。城乡蝶变借用了生物学上“蝶变”的概念，是指针对在城乡裂变过程中所遇到的城乡差距扩大、农村资源要素流失等问题，寻求推动乡村凋敝问题解决和乡村自我提升发展的过程。从中国农村的实际来看，就是中央在加快推进新型城镇化和新城镇建设的同时，开始实施以工促农、以城带乡的政策，全面推进社会主义新农村建设和美丽乡村建设的过程，也是农村环境由脏乱差转向文明美丽，实现广大乡村自我改造、修复和提升的过程。城乡聚变是借用了“核聚变”的概念，是指众多的小原子在一定条件下聚合成更重更大的原子即氢弹爆炸的过程，这一过程会释放出比“核裂变”更为巨大的能量。城乡聚变就是让城市的各种现代要素、资源深度介入

乡村、回流乡村，推动形成城乡融合、一二三产业融合、产城融合、信息经济与实体经济融合、多种所有制融合、三生（生活、生产、生态）融合以及城乡改革融合的新态势，这种城乡融合聚变释放出推动乡村乃至整个国家经济社会现代化的巨大的新动能，也是新时代推动中国新发展的新动能。

（二）新时代城乡融合发展面临的使命与挑战

1. 新时代城乡融合发展的使命与目标。新时代城乡融合发展，就是顺应新时代城镇化与逆城镇化双向互动发展的新趋势，把城市与农村看成一个平等的有机整体，推动城乡要素自由流动、平等交换，推动新型工业化、信息化、新型城镇化、农业农村现代化同步发展，加快形成工农互促、城乡互补、全面融合、共同繁荣的新型工农城乡关系。通过城乡土地制度、户籍制度、公共服务制度、政府管理制度等综合集成改革，促进城乡空间重构、形象重塑、功能重造、要素重组，创造出生产力更加强大的发展新平台、环境更优美的生态新空间、生活品质更高的新社区，不断满足人民群众对美好生活的向往，推动城乡共建、城乡共融、城乡共享、城乡共治，缩小城乡发展差距、区域发展差距、群体收入差距，实现高质量发展、高品质生活，建成共同富裕示范区。

新时代城乡融合发展是党的十九大作出的重大决策部署，顺应历史发展趋势，与国家乡村振兴战略和共同富裕目标相衔接，到 2022 年，城乡融合发展体制机制初步建立，到 2035 年，城乡融合发展体制机制更加完善，到本世纪中叶，城乡融合发展体制机制成熟定型。城乡全面融合，乡村全面振兴，全体人民共同富裕基本实现。共同富裕是社会主义的本质特征，是全民共富、全域共富、全面共富的美好社会，是全面建成小康社会后一种更高级的社会形态。共同富裕最重要的是缩小城乡差距、区域差距、收入差距。

2. 新时代城乡融合发展面临的挑战和问题。

（1）二元制度仍没有完全消除。我国在计划经济体制下形成城乡分割的二元经济社会制度结构没有完全消除，是制约城乡融合发展的根本性障碍。特别是城乡土地制度、户籍制度、公共服务制度、政府社会管理制度，仍然制约着城乡融合发展。

（2）公共服务、社会保障、基础设施建设总体上表现为乡村落后于城市。乡村的教育、医疗、养老、文化、体育、科技、就业支持等公共事业供给的质量水平仍比较低，水电路气等现代基础设施建设仍有待加强。

（3）农业劳动力转移、农民市民化、农民城镇化配套政策制度体系没有完全建立，未能平等享受城市公共服务，农业转移人口的农村权益保护以及权益自愿有偿退出机制没有有效建立。

（4）城乡资源要素流转不畅、配置不优，城乡空间格局重构滞后于城乡关系调整的问题还相当突出。

（5）城乡产业融合、一二三产融合发展、产城融合的融合度不够，缺少支撑高质量发展的新平台、新主体。传统农业、传统制造业、传统服务业转型升级发展面临许多瓶颈制约。

（6）城镇化加速、人口集聚加快、农业转移人口市民化、外来人口本地化带来城乡社区治理的新挑战。

（7）生态文明新时代生态环境保护与经济社会发展的矛盾依旧存在。平原水乡生态湿地的生态价值实现机制尚未建立，有待创新突破。

（8）“三农”发展滞后是建设共同富裕示范区的短板。集体经济发展壮大缺乏有效路径和政策支持，城乡居民收入仍存在较大差距，低收入农户的持续增收机制有待加强，强村富民还任重道远。

（三）秀洲区城乡融合试验区指导思想、基本原则、战略定位和目标

1. 指导思想。以习近平新时代中国特色社会主义思想为指导，紧紧围绕统筹推进“五位一体”总体布局和协调推进“四个全面”战略布局，以高质量发展建设共同富裕示范区为总目标，深入贯彻落实党中央、国务院和省委、省政府决策部署，坚持以实施新型城镇化战略和乡村振兴战略双轮驱动，以城乡综合集成改革为引领，深化体制改革和制度创新，促进城乡要素自由流动、平等交换和公共资源合理配置，加快形成工农互促、城乡互补、全面融合、共同繁荣的新型城乡融合发展格局，努力使革命红船起航地的嘉兴成为新时代城乡融合共富的领航地。

2. 基本原则。

一是党委领导，顶层设计。确保党在推动城乡融合发展中始终总揽全局、协调各方，梳理城乡一盘棋理念，强化统筹谋划和顶层设计。

二是政策引导，有序推进。精准对标上级要求，立足秀洲实际，建立健全城乡融合发展政策体系，有序破除城乡要素自由流动的体制机制障碍。

三是主动自愿，多方参与。充分尊重农民意愿，坚持农民主体作用，广泛发动社会各界参与推动城乡融合发展，形成强大工作共识和工作合力。

四是改革创新，重点突破。坚持目标导向和问题导向相结合，稳妥把握宅基地、承包地、集体资产股权等系列改革的时度效，率先在户籍、土地、资本、公共服务等方面取得突破。

五是守住底线，防范风险。正确处理改革发展稳定关系，守住土地所有制性质不改变、耕地红线不突破、农民利益不受损的底线，守住生态保护的红线，有效防范各类风险隐患。

3. 战略定位。

总体目标定位：牢记总书记“努力在城乡一体发展方面走在前列”的殷殷嘱托，加快城乡融合改革先行试验，推动体制机制集成创新，促进城乡要素自由流动，缩小城乡发展差距，实现城乡环境宜居宜业、城乡服务优质优享、城乡居民富裕富足，构建融合共富新型城乡关系，打造“融合共富新城乡”的秀洲模式。

——城乡融合发展试验的样板区。率先推进城乡综合集成改革，系统全面探索城乡融合发展的有效路径，率先建立健全城乡融合发展的体制机制，促进城乡要素自由流动、

平等交换和公共资源合理配置，加快优化形成容纳更高生产力的城乡新空间，率先形成工农互促、城乡互补、全面融合、共同繁荣的新型工农城乡关系，为全国城乡融合改革试验树立先行样板。

——城乡融合促城乡共富的示范区。通过城乡融合改革试验，突破城乡融合的体制机制障碍，推动共同富裕的体制机制和政策框架基本建立，率先实现更富活力创新力竞争力的高质量发展模式，加快缩小城乡区域发展差距、城乡居民收入差距，展现共同富裕美好社会新图景，努力成为城乡融合促城乡共富的示范区。

4. 目标。

——到 2022 年，城乡融合发展体制机制基本建立，城乡生产要素双向自由流动的制度性通道基本打通，农业转移人口市民化的系统配套制度政策基本建立，城乡普惠的金融服务体系基本建成，农村产权保护交易制度基本建立。先行试验区在城乡融合发展战略、乡村振兴战略和新型城镇化战略的显示度明显提升。农村居民人均可支配收入年均增长 9.5%以上，常住人口城镇化率达到 70%。

——至 2025 年，试验区城乡融合发展体制机制基本成熟，形成一批可复制可推广的秀洲经验，高质量发展建设共同富裕示范区取得实质性进展。统一城乡土地资源要素市场基本建立，形成高品质宜居宜业宜游的城镇未来新社区与江南水乡风貌明显、传统文化内涵丰富的历史文化保留村落共存的城乡融合发展格局。城乡居民可支配收入比在 1.5∶1以内，农村居民人均可支配收入年均增长高于城镇水平，常住人口城镇化率达到 75%左右。

至 2035 年，秀洲区城乡融合发展体制机制更加完善，基本实现共同富裕。高质量发展取得更大成就，高品质生活取得更大提升，物质文明、政治文明、精神文明、社会文明、生态文明全面提升，共同富裕的制度体系更加完善，成为全省乃至全国的城乡融合发展试验样板区、高质量发展建设共同富裕示范区。

三、秀洲区城乡融合发展试验十大融合路径与任务

（一）推进城乡规划设计大融合，构建生产生活生态新空间

“要完善规划体制，通盘考虑城乡发展规划编制，一体设计，多规合一，切实解决规划上城乡脱节、重城市轻农村的问题。”（习近平）

城乡规划设计大融合就是以城乡多规融合规划为引领，突出生态环境导向开发（EOD）设计理念，统筹编制城乡融合发展总体规划、国土空间规划、镇控制性详细规划、重点区域城市设计、城镇社区和村庄布点规划，形成完整的城、镇、村规划体系。

城乡规划设计大融合的创新点在于全域迭代形成秀洲区新的“三区三城三组团”空间布局，推动生产力重构，规划引领建设田园新城市、特色新城镇、未来新社区、幸福新乡村、美丽新经济的“五新”新格局，推动城乡社区的转型升级，打造出“最特色”的集镇、“最乡愁”的村落、“最宜居”的社区、“最江南”的水乡、“最美丽”的公路，

全面提升秀洲城乡发展能级。

（二）推进城乡资源要素大融合，构建创业创新发展新环境

"要顺应城乡融合发展大趋势，坚持新型城镇化和乡村振兴两手抓，清除阻碍要素下乡各种障碍，吸引资本、技术、人才等要素更多向乡村流动。"（习近平）

推动城乡资源要素的融合就是要消除体制机制障碍，打通城乡土地、人才、资金等要素流动渠道，达到配置最优、流动最畅、机制最活的创业创新发展新环境。

1. 城乡土地资源的优化配置。以全域土地综合整治为抓手，促进城乡土地资源优化配置和高效利用，出台《秀洲区关于进一步推进全域土地综合整治与生态修复工作的意见》《关于加快推进全域土地综合整治与生态修复工程鼓励公寓式安置相关政策的意见（试行）》《秀洲区农民建房管理办法》等政策文件，实现农户安置由宅基地安置为主向公寓房安置为主转变、村庄布点由分散向集中转变、整治方式由单要素整治向全要素整治转变。规划到2025年，全区共集聚1.1万农户3.8万人；实施建设用地复垦1.05万亩*，产生建设用地流量节余空间0.65万亩；提升高标准农田4万亩，建设永久基本农田整备区0.85万亩；至2035年，全区共集聚3万农户10.5万人；实施建设用地复垦3.5万亩，产生建设用地流量节余空间1.9万亩；提升高标准农田10万亩，建设永久基本农田整备区2万亩。

2. 加快营造人才集聚优势。打造政府公共服务和市场服务一体化的人才创新创业综合服务平台。创新科技、人才项目的金融支持和金融服务，开展"人才投""人才贷""人才险"。营造"秀洲味""国际范"的最优创新湖区，以秀湖、天鹅湖两大湖区为重点，布局建设国际学校、国际医院、国际社区、国际服务中心等，完善生活配套体系，推动人才公寓优化升级，打造独具特色的湖区创新文化。全面实施人才集聚行动："十名顶尖人才集聚行动、百名领军人才集聚行动、百名博士集聚行动、万名工匠培育行动、万名大学生集聚行动"等，打响"秀水泱泱·智汇秀洲"人才品牌。制定科技成果入乡转化政策，吸引高层次人才、新乡贤、高等院校科研院所智力下乡，吸引一批农创客、新农人从事现代农业、数字农业。

3. 多渠道增加资金投入。财政优先投入农业农村，调整土地出让收益用于农业农村的比例达到50%以上。积极推进金融服务，与金融机构建立合作机制，围绕城乡融合，重点投向公共服务和基础设施建设等领域。设立城乡融合专项基金，引导社会资本投入。

（三）推进城乡产业发展大融合，构建经济高质发展新体系

"必须坚持质量第一、效益优先，以供给侧结构性改革为主线，推动经济发展质量变革、效率变革、动力变革。"（习近平）

城乡产业发展大融合就是加快构建高质量发展的现代化经济体系和城乡协同产业发

* 亩为非法定计量单位，1亩等于1/15公顷。

展新平台建设，促进城乡产业融合发展、一二三产业融合发展、多种所有制经济融合发展、虚拟经济和实体经济融合发展，培育新经济新业态，促进产业迭代升级。

1. 培育科创新经济。健全“一区两城三谷多院”创新体系，充分发挥秀洲国家高新区辐射带动作用，全力打造现代版科技孵化之城、天鹅湖未来科学城，加快建设“麟湖智谷”“中国睡谷”“秀水光谷”，大力推进北京理工大学“两院一园”、浙江大学嘉兴研究院等重大科技创新平台。构筑“1＋3＋X”现代产业体系，深入实施数字经济“一号工程”2.0 版，壮大光伏新能源、智能家居、时尚纺织三大优势产业，打造千亿产业集群，加快培育高端装备、生命健康等未来产业。

2. 大力发展美丽经济。积极探索实践“美丽湖荡”就是金山银山之路。发挥北部国家湿地公园和湖荡优质生态本底优势，以国际一流水准建设生态、创新、产业、文旅融合发展的示范区联动片区。大力发展乡村产业跨界融合新模式，提升发展乡村旅游、农家乐、民宿、康养、乡村夜经济等美丽经济新业态。

3. 推动农业与二三产业融合发展，做强“农业＋”现代新农业。加快建设农业开发区，加快农业数字化改造，建设农业双创中心、现代农业智慧产业园，打造种业强区；省级以上农业平台乡镇全覆盖；加快促进农业全产业链发展，创建稻米、青鱼、莲藕等 10 亿元以上全产业链。加快农旅文一二三产融合发展，积极培育休闲农业、创意农业、精深加工业和现代农业服务业。

（四）推进城乡基础设施大融合，构建便捷通畅一体新支撑

“引导和鼓励各类社会资本投入农村基础设施建设，逐步建立全域覆盖、普惠共享、城乡一体的基础设施服务网络。”（习近平）

城乡基础设施大融合就是通过城乡一体的基础设施规划、建设、运营管护，推动城乡交通设施、城乡供水供电供气、城乡通信网络等一体化建设，提高乡村基础设施建设运营管护水平，全面提升城乡基础设施一体化水平。

1. 推进综合交通一体化。全面提升城乡交通“外联内畅”能力，加快建成“103060”交通圈［10 分钟接入高速互通、轨道节点等枢纽，30 分钟通达区内各组团、市内各县（市）、沪苏杭等毗邻一线城市，60 分钟融入周边中心城市公路圈、长三角核心区高铁圈、长三角全域航空圈］。高标准规划建设城乡路网的交安、亮化、绿化、公交停靠站、公路服务站（驿站）、标志标线等配套设施，对“美丽农村路”示范路设置三色线、边线、地面 LOGO、标牌等统一的指路体系和标志标识。提升公路网密度，高水平建设“四好农村路”，开通水乡碧道“水上巴士”，建设城乡绿道网。

2. 进一步提升供水供电供气一体化水平。持续完善基础设施网络体系，实现新农村电气化镇村全覆盖、城乡一体化供水全覆盖，实现供水供电供气“同网、同质、同价、同管理”，实现城乡污水管网全覆盖。加快城乡一体的水利设施、电力设施数字化、智慧化改造。

3. 加强通信邮电物流等一体化建设。推进数字强区建设，加快农村 5G 基站、新能源

汽车充电桩等新基建建设，扩大物联网、人工智能等终端布局，不断拓展新基建应用场景。到 2025 年，5G 通信网络行政村全覆盖，100％行政村家庭具备 1 000M 光纤接入能力。建立城乡一体、布局合理的仓储物流、商贸和保鲜冷链设施网络。

（五）推进城乡公共服务大融合，构建均等普惠高效新服务

“要建立健全城乡基本公共服务均等化的体制机制，推动公共服务向农村延伸、社会事业向农村覆盖。”（习近平）

推进城乡公共服务大融合就是推进城乡基本公共服务均等化、普惠化、便捷化，以实现“高质量服务、高水平保障、高品质生活”为目标，优化配置公共教育、医疗卫生、社会保障、文化体育等基本公共服务资源，补齐民生短板，健全公共服务标准，提高公共服务质量，增进人民群众在城乡融合发展中的获得感、满意度。

1. 大力发展城乡均衡优质的“美好教育”。积极创建全国义务教育优质均衡发展、全国学前教育普及普惠县（市、区）。加强统一管理、统一师资、统一教学的城乡教育共同体建设。全面推进“互联网＋义务教育”，提升乡镇学校课堂教学质量；确保城乡居民子女就近享受优质教育。引导城镇优秀骨干师资向农村学校、薄弱学校流动，实施常态化教师轮岗交流，促进师资均衡配置。

2. 加快实现城乡统一高效的“美好医疗”。按照“城乡一体化、保障全覆盖、服务无差别”的理念建立城乡统一的医疗保障体系。着力全面推进健康城市、健康镇建设，率先实现基层医疗机构精神科（心理）门诊、镇（街道）心理服务站、村（社区）建设心理服务咨询室全覆盖，实现国家卫生镇全覆盖。加大医疗卫生装备投入，实施全区村卫生室（社区卫生服务站）“强基工程”“互联网＋卫生健康”共享融合。实施医疗机构托管、医联体建设，推进优质医疗资源梯度下沉、分类实施，构建“市区镇村”四级联动模式。优化医疗卫生资源配置，全力推进区人民医院筹建、区妇保院迁建、康安医院扩建和卫生室提档升级，规划新建秀水医院，打响“美好医疗”品牌。

3. 提高普惠均等的“美好服务”水平。逐步构建城乡一体的社会保障服务体系。积极推动农村养老制度改革，稳妥推进城乡居民基础养老金 5 年倍增。构建健康养老服务体系，优化老年医疗卫生资源配置，全面推进医养结合，推进镇、街道示范型居家养老服务中心全覆盖。推进镇、街道居家养老服务中心扩面提质和服务规范化，实施“互联网＋养老”行动。持续提升城乡文化体育事业水平，促进文化要素在城乡间双向流动，不断完善城乡融合的公共文化服务体系，实现镇、街道图书分馆全覆盖和行政村（社区）文化礼堂全覆盖，全面落实文化下派员、村级文化专职管理员“两员”制度。打造“书香秀洲”品牌，全面营造阅读氛围；打造大运河文化品牌、“舞动秀洲”品牌，开展大运河文化系列活动。开展创建省体育现代化县（市、区）。

（六）推进城乡社会治理大融合，构建现代整体智治新标杆

“社会治理的重心必须落到城乡社区，社区服务和管理能力强了，社会治理的基础就

实了。”（习近平）

推进城乡社会治理大融合就是坚持党建统领，建立健全政治、自治、法治、德治、智治五治融合的城乡基层社区治理体系，推动新社区组织体系、管理体系、服务体系重构，提升社会治理能力，建设更高水平、更高质量的平安秀洲。

1. 五治融合。全面深化新时代“网格连心、组团服务”工作，建立健全政治、自治、法治、德治、智治“五治”融合基层综合治理体系，实行揭榜挂帅、干部认领机制，组建“非诉”法律服务工作者队伍，打造品牌调解室，推动调解力量下沉，提升社会治理能力，形成共建共治共享的社会治理新格局。

2. 三大体系重构。强化组织体系，分类管理、分类施策，逐步做好整村搬迁、多村集聚、一社辖多村等新社区的社区居委会、社区居民代表会议、社区网格员、社区小组长设置管理工作。健全管理体系，构建镇级矛盾调解中心、村（社区）综治工作站、社区网格服务站，完善工作资源下沉机制、问题诉求收集机制、走访全覆盖机制、分级分类处置机制、全过程评价机制、数字化治理机制。优化服务体系，规划建设睦邻中心、社区党群服务中心、文化礼堂、生活服务业态等，建立强化自治议事决策、便民利民服务、社区志愿服务、数字化服务、“社区协商”等工作机制，建立社区治理的秀洲模式。

（七）推进城乡增收致富大融合，构建共创共富共享新路径

“农业农村工作，说一千、道一万，增加农民收入是关键”“壮大集体经济，是引领农民实现共同富裕的重要途径。”（习近平）

推进城乡增收致富大融合是城乡融合发展的根本目标之一，是实现城乡共同富裕的重要路径。就是要从城乡融合发展的新时代实际出发，探索以工促农、以城带乡，多渠道增加农民收入，多路径促进农民创业就业，全面增加农民家庭经营收入、工资收入、财产性收入、转移性收入。

1. 城乡融合多渠道促进农民增收致富。鼓励农民进城创业就业，扩大农民在城镇二、三产业就业的比例；鼓励农民发展农村旅游经济、生态经济、电商经济、文创经济、养生休闲经济等美丽经济新业态。引导农民采取农村产权入股、租赁、托管等方式，发展多种形式的股份合作经济。盘活农民闲置宅基地、房屋等资产资源，提高财产性收入增长水平。

2. 创新低收入农户的共同富裕增收机制。实施“飞地抱团”项目低收入家庭帮扶增收计划，开展保底分红。建立“一户一策一干部”结对帮扶低收入农户工作机制。

3. 城乡融合拓宽集体经济壮大新路子。开展飞地抱团、集体经营性建设用地入市、现代设施农业、商业物业经济、公共配套建设、乡村旅游等多种形式，壮大发展集体经济。

（八）推进城乡社区建设大融合，构建美好和谐幸福新生活

“要坚持为民服务宗旨，把城乡社区组织和服务中心建设好，强化社区为民、便民、

安民功能，做到居民有需求、社区有服务，让社区成为居民最放心、最安心的港湾。”（习近平）

推进城乡社区建设大融合就是以未来社区理念创建城乡融合新社区，以新时代美丽乡村升级版和未来村庄的现代场景打造幸福新乡村，展现城乡居民幸福美好生活新场景。

1. 以未来社区理念创建城乡融合新社区。聚焦人本化、数字化、生态化等三化，构建以未来邻里、教育、健康、创业、建筑、交通、低碳、服务和治理等九大场景创新为重点的集成系统，未来新社区规划建设标准达到城市高端公寓社区要求，并配套建设包括幼儿教育、义务教育、医疗卫生、文化体育、社会保障、养老救助等全生命周期的公共服务体系，让新社区成为城乡居民美好幸福生活的最宜居新社区。

2. 以未来乡村理念建设幸福新乡村，打造新时代美丽乡村升级版。对 195 个保留点进行分类规划设计，建设 15 个新时代美丽乡村精品示范村、35 个新时代美丽乡村精品村和 145 个新时代美丽乡村优美村。聚焦人本化、生态化、数字化、融合化、共享化，围绕未来邻里、文化、健康、低碳、生产、建筑、交通、智慧、治理、党建“十场景”，打造一批“可阅读”“有记忆”“能漫步”的未来乡村，充分体现嘉兴最江南的村落特色。

（九）推进城乡生态环境大融合，构建两山快速转化新通道

“绿水青山就是金山银山。”（习近平）

推进城乡生态环境大融合是秀洲区作为长三角生态绿色一体化发展示范区协调区的必然要求，是促进“绿水青山”向“金山银山”转化的基础性工程。

1. 开展全域治理。全域开展城乡一体“五水、五气、五废”治理。深化“五水共治”碧水行动，强化河（湖）长制，推进“污水零直排区”提质扩面。全面开展清新空气示范区建设，提高危险废物处置利用率、医疗卫生机构医疗废物安全处置率，实现城镇生活垃圾分类全覆盖和农村生活垃圾分类行政村全覆盖。

2. 加强全域保护。全域加强山水林田湖草系统保护与修复，实施北部湖荡清淤、整治、绿化、生态修复基础工程，打造具有地方水文化特色的美丽河湖。推进生物多样性保护，加强农业面源污染防治和耕地保护。探索建设“零碳”乡村，积极开展“碳中和”实践。

3. 实现全域提升。环境全域化整治提升，围绕“四清四化三提升”，全面推进农村环境全域秀美工作。纵深推进农村人居环境建设，加强农村厕所管理、农村生活污水管理、农村生活垃圾分类管理，打赢农村人居环境全域提升翻身仗，打造农村秀美环境，创建省级生态文明建设示范区。

（十）推进城乡居民发展大融合，构建自由全面进步新社会

“健全城乡融合发展体制机制，促进农业转移人口市民化。”（习近平）

推进城乡居民大融合是城乡融合试验区实现“人的现代化”的集中体现，通过农业转移人口市民化、新型农民职业化和外地人口本地化来实现城乡居民之间双向转化和人

的全面发展，加快促进整个社会向人的自由而全面发展的新社会转变。

1. 加快农业转移人口市民化。健全本地户籍农民进城落户保障机制，完善“三权到人、权随人走、带权进城”制度，建立进城落户农民依法自愿有偿转让退出农村权益制度，允许依附于集体经济组织成员权的农村权益单项存在。在城市和未来新社区创业就业和定居的农民可充分享受当地城市和社区的教育、医疗、卫生、文化、养老保障等公共服务，建立农民进城就业服务机制。

2. 新型农民职业化。大力支持新型农业经营主体的成长，实现农民的专业化、知识化、职业化，鼓励新农人、农二代、农创客成为规模经营家庭农场、合作社、农业企业的新型经理人。鼓励城市市民到乡村和现代农业领域去创业，享受新型农民培育培训政策、从事农业经营的资金和贷款支持政策，创新推动归农归村居民新建和改建农村住宅、定居等政策。

3. 外来人口本地化。全面落实户籍制度改革和全面放开新居民城镇落户政策，放开有合法稳定住所（含租赁）落户限制，进一步降低人才落户门槛。建立农民工落户机制，放宽亲属投靠落户政策。

促进共同富裕的共富发展机制创新

浙江农林大学浙江省乡村振兴研究院
农村改革与城乡融合发展研究中心

习近平总书记强调指出，“促进全体人民共同富裕是一项长期任务，也是一项现实任务，必须摆在更加重要的位置”。嘉善县是全国唯一县域科学发展示范点，习近平同志的基层联系点，也是长三角一体化示范区的先行启动地。作为沿海发达地区典型代表，自改革开放以来，不仅在经济发展上走在全国前列，更是在城乡协同发展上久久为功，一任接着一任干，走出了一条城乡统筹、城乡融合、一体发展、共富发展为显著特征的康庄大道。2020 年，全县城乡居民收入比缩小至 1.6∶1，农民人均可支配收入突破 4 万元，村均集体经常性收入突破 400 万元，低收入农户收入以 12%以上比率连续多年增长。一个县域的率先生动实践，探索了城乡融合发展推动共同富裕的传导机制，创新了共同富裕的推进机制和路径建构，印证了国家推进共同富裕的时代战略定位，为全国加快共富发展提供了实践依据和有益经验。

一、理念率先践行，回答好什么是实现共同富裕的核心要义

嘉善实践以重点破题发展不平衡和不充分问题为着力点，把实现共同富裕定位于高水平高质量的共同富裕、共建共创共富共享的共同富裕。在习近平新时代中国特色社会主义思想指引下，以“三个始终”作为实现共同富裕的理念支撑。一是始终把农业农村优先发展作为共富发展的根本抓手。2018 年在全省首批成立乡村振兴办公室，开展集中办公和实体运作，每年制定乡村振兴高质量发展工作意见，率先构建农业农村优先发展政策体系。同年在全省首创乡村振兴专项资金机制，每年从土地征用净收益中提取农利农用资金，深化科技和资金进乡村、青年和乡贤回乡村“两进两回”机制，全面补齐农业农村发展滞后的短板。二是始终把农村集成改革率先突破作为共富发展的关键按钮。2017 年，经国务院批复的《浙江嘉善县域科学发展示范点发展改革方案》，明确对农村改革进行了方向指引。嘉善先后承担了国家级农村综合性改革试点、浙江省农村集成改革试点、浙江省乡村振兴综合集成改革试点等一系列改革项目，相继开展并形成了一批包括“地田房”要素集成配置、国土空间多规合一、农村集体经营性建设用地入市、义务教育教师流动等有影响力的改革成果。三是始终把民生福祉红利充分释放作为共同富裕的先行目标。建立人民群众全生命周期民生服务供给机制，全力构建幼有善育、学有优

教、劳有厚得、病有良医、老有颐养、住有宜居、弱有众扶的民生幸福标杆体系，通过织密兜牢民生福祉打造百姓幸福的嘉善指数。

二、形态率先构建，回答好什么是实现共同富裕的鲜明标识

嘉善实践牢牢把握新发展理念，坚决防范在推动共同富裕过程中出现低水平、片面化、封闭性、难持续的情况，把高质量、均衡化、包容性和可持续作为新时代共同富裕的鲜明标识。一是把高质量作为共富发展的核心标识。把农业高质高效、乡村宜居宜业、农民富裕富足始终抓在手里，提出打造长三角乡村振兴高质量发展先行地目标，城乡、产业和要素实现深度融合，农民收入、村级集体经济始终处于高位增长态势。二是把均衡化作为共富发展的基础标识。把农业农村现代化和新型城镇化通盘设计、同频推进，扎实推进城市反哺农村、二三产支持一产，加快城乡基础设施、公共服务和公共待遇均衡配置。三是把包容性作为共富发展的引擎标识。以长三角一体化为有力驱动，打破区划行政壁垒，强化空间联动效应，从县域共同富裕转向区域共同富裕。推动先富带后富，落实国家东西合作和浙江山海协作战略，营造共创共富、共建共享的共同富裕。四是把可持续作为共富发展的演进标识。夯实发展基础，激发内生活力，建立可持续的治理机制、生态体系和强村模式，确保营造健康、有序、充满张力的共同富裕支撑体系。

三、路径率先探行，回答好什么是实现共同富裕的应时之举

（一）“三大融合”推动高质量共富发展

一是城乡深度融合。秉持“多规合一”理念，将长三角一体化规划、县域总体规划、乡村振兴规划、国土空间规划、村庄布点规划、生态保护区规划等通盘布局，推动县城建设、小城市培育、特色小镇建设、旅游度假区建设、景区村庄培育、特色自然村落联动提升，实现新型城镇化和乡村振兴双轮驱动、同频共振、互促互进。二是产业深度融合。加快一二三产有机融合，结合长三角一体化示范区“一城一谷三区”空间规划，布局长三角农业科技园区和长三角生态休闲旅游度假区建设。以园区化推进现代农业发展，先行探索农业经济开发区模式，应用推广农业小微创业园，加快培育一二三产业融合综合体。三是要素深度融合。结合国家和省级农业综合集成改革试点，深入推进土地综合整治、农田规模流转、农房有序集聚的“地田房”集成改革，探索宅基地和承包地“三权分置”有效落地形式，推出全省农村建设用地入市的最大单，激活要素、激活市场、激活主体。

（二）“三大配置”推动均衡化共富发展

一是基础设施均衡配置。坚持城乡互补发展导向，重点推进城乡道路交通、供水、供气、供电、污水处理、垃圾处理和信息网络“七个一体化”，建成各镇 10 分钟上高速、

县城到各镇20分钟、各镇之间40分钟的交通圈，全面启动“污水革命”和生活垃圾“四分类”工作，率先在县一级实现城乡居民“同源同质同网同价”供水。二是公共服务均衡配置。推进城乡养共体、医共体、教共体建设，实施城乡教师双向流动实现城乡学校“零差异”、城乡师资“零差距”、城乡学生“零择校”。深化医药卫生体制改革，形成“20分钟医疗圈”。深化养老服务业综合改革，实现区域养老、流动养老、居家养老及社会养老运营“四个全覆盖”。三是公共待遇均衡配置。充分发挥政策导向作用，推动县域内同城同待遇，实现养老、医疗、教育、文化、就业、保险等城乡各类政策制度平稳过渡和衔接。

（三）“三大协同”推动包容性共富发展

一是区域协同发展。主动接轨大上海实现借梯登高，构建依托上海互为分工协作的产业体系，逐步成为上海的制造协同区、同城都市圈、美丽后花园。高标准推进东西部扶贫和山海协作，加大东西部两地劳务对接和人员输送，嘉善—庆元—九寨沟飞地产业园建成开园。二是群体协同增收。始终把农民增收和低收入农户发展放在重点关键位置，全面提升农民持续增收能力，2020年农村居民人均可支配收入增长7.1%，首次突破4万元大关；全县低收入农户人均可支配收入20 045元，增长13.5%。三是创业协同培植。联动出台嘉善史上力度最大、含金量最高的“祥符英才”新政、科技新政、金融新政，与清华大学、复旦大学、中国科学院等大院名校合作共建高端科创载体。推动劳动力高质量充分就业，支持与鼓励劳动者自主创业、吸纳就业、帮扶从业、培植乐业、兜底保业。

（四）“五大固本”推动可持续共富发展

一是党建引领固本。坚持以高水平党建引领高质量发展，创新实施党建引领乡村振兴“八领二十条”，深入开展锻造“唯实惟先、善作善成”堪当现代化建设重任团队专项行动，大力培养“五种气度”新型干部，健全干部担当作为“1+5+N”制度体系。二是高效治理固本。深入推进县镇村矛盾调解中心三级联创行动和县域数字农业大脑建设，深化“最多跑一地”改革，健全四治融合的乡村治理体系，创新全省首个“股权治理+积分管理”模式，与青浦、吴江共建“长三角社会治理事件大厅”。三是文化传承固本。充分挖掘“地嘉人善”的历史传统文化和地域人文，打造“善文化”区域道德品牌和“积善之嘉”志愿服务品牌。大力推进乡村文化阵地建设，开展文明村镇、文明家庭等创建，开展“善美文明家庭”“新乡贤”“道德模范”等评选。四是生态优先固本。坚持生态优先、绿色发展，积极打造生态文明样板区。全面提升城乡环境品质，环境全域秀美村达标率实现100%。践行“两山理论”，加快美丽经济转化，建成美丽乡村风景线5条，“梦里水乡·乡伴西塘”入选省美丽乡村夜经济精品线，成功创建国家全域旅游示范区。五是强村发展固本。2008年以来，连续实施四轮“强村计划”，创新“飞地抱团”发展模式，采用“土地+资金”“强村+弱村”模式，打破镇村界线和要素流动障碍，走出了一条薄弱村自我造血增加收入、全域资源整合优化配置的路子。

破解农民农村共同富裕之难*

顾益康**

农民农村共同富裕涉及方方面面，本人认为以“扩中提低”为突破口、主攻点来推进农民农村共同富裕是比较切实可行的，也能起到事半功倍的好效果，为全国面上提供可推广可复制的经验与政策制度。有以下几方面的改革发展与政策创新举措可以实施：

深入推进“三位一体”农村新型合作经济改革，让更多务农农户成为中等收入者。2006年，时任浙江省委书记习近平同志从当时农业双层经营体制不够完善、集体统一服务功能不强、务农种粮收入低困难多的实际出发，亲自谋划实施了发展生产、供销、信用“三位一体”农村新型合作经济的改革工程，并在温州瑞安召开发展农村新型合作经济工作现场会，这是对我国农村基本经营制度的创新发展。如果说习近平总书记当年亲自谋划实施的“千村示范、万村整治”工程找到了“中国要美农村必须美”的美丽乡村建设路径，那么，发展生产、供销、信用“三位一体”农村新型合作经济改革，则找到了“中国要强农业必须强，中国要富农民必须富”的金钥匙，为实现农业强农民富闯出了一条好路子。

加快农民工技能化、市民化，让技能型农民工成为新中等收入群体。现在外出务工工资性收入是浙江农民收入最重要来源之一，无技能农民工的低工薪和未能享受城市公共服务，是影响农民工成为中等收入者的最大问题。因此，我们本着问题导向的原则，要通过积极的技能培训和鼓励农村青少年进入职业学院学习，让他们成为高薪技能型的蓝领工人，成为新时代大国工匠。要采取税收引导政策，让民营企业在提高企业经济效益的同时，提高员工工资和福利待遇。要发挥浙江全民创业全面创新体制机制优势，继续鼓励更多农民自主创业，成为小微企业主，通过创业创新成为中等收入群体。还要深化城乡融合的户籍制度、公共服务制度、行政管理制度等配套改革，让进城务工经商的转移农民享受城市市民一样的公共服务，降低他们在城市的生活成本，提高生活水准。

拓展绿水青山向金山银山的转化之路，促进建设美丽乡村向经营美丽乡村和培育共富乡村的迭代升级。乡村历来是农民的生产生活共同体，今天，在共同富裕示范区建设大场景下，美丽乡村应该加快向共富乡村的迭代升级。各地乡村工作重心要从建设美丽乡村转向经营运营美丽乡村、发展美丽经济上来，要深入贯彻绿水青山就是金山银山的

---

* 本文刊于《浙江日报》2021年12月7日第4版。

** 作者简介：顾益康，浙江省文史馆馆员、浙江农林大学浙江省乡村振兴研究院教授。

理念，培育绿色产业，打通“两山”转化通道，尽快把美丽转化为生产力。要及时总结推广各地培育共富乡村创新经验，把培育专业化区域化集成化的特色块状经济的共富产业作为突破口，形成“一村一品，一乡一业”的特色共富产业发展新格局。实践证明，这些有特色共富产业的村就是人人创业、家家富裕的共富村庄。

要抱团发展村级集体经济，探索强村富民的新路子。发展壮大村集体经济是实现农民农村共同富裕非常重要的举措和路径。从近年来各地创造的好经验来看，突破一个村的局限性，由强村牵头、强村带弱村，或当地文旅企业、龙头企业与各村合作社共同参股，以多个村或整个乡镇为单位组建强村企业，如淳安县枫树林镇以下姜村为龙头组建共富同盟，就是共创共富的好形式。还可以利用山海协作机制，让山区 26 县的乡村抱团到结对帮扶的发达县（市、区）建立强村富民产业园，发展飞地经济，走出山区 26 县跨越式发展村级集体经济的新路子。还要切实发挥基层党组织建设在强乡富民中的核心领导作用，发挥好村书记的共富领头雁作用。要倡导先富带后富，让在改革开放中先富起来的乡贤们发挥创富的龙头带动作用，让乡亲们都能走上共同富裕的康庄大道。

加快城乡基本公共服务均等化进程，尽快补齐农民农村公共服务的短板。到 2025 年基本实现城乡基本公共服务均等化是特别重要和艰巨的硬任务。全省各级政府财政都要集中财力重点补齐农村农民养老保障、教育文体、医疗健康等方面公共服务水平明显低于城市的短板。尤其是要下决心解决多数老年农民没有退休养老金、只有每月 300 多元农民基本养老金的问题。要下决心采取多种办法多条路径探索解决之道，首先，可以实施农民基本养老金五年倍增计划；其次，省里业务主管部门要着手建立农民退休养老金制度，为全国提供先行先试制度创新经验。同时，还可以推广瑞安市开展农民养老合作服务的创新经验。

讲好总书记抓“三位一体”改革的故事，推进农业现代化和农民共同富裕的建议[*]

顾益康　潘伟光　胡伟斌[**]

一、“三位一体”农村新型合作经济的时代意义巨大

（一）“三位一体”农村新型合作经济是习近平总书记新型合作经济思想的创新实践

习近平总书记对在市场经济条件下发展农村新型合作经济有深刻的认识。早在2001年，习近平同志在博士论文中提出了“要走组织化的农村市场化发展路子”“新型的合作化道路将会越走越广阔”的重要论断。2004年，时任浙江省委书记、省人大常委会主任的习近平推动省人大通过了全国首部《浙江省农民专业合作社条例》，这为2006年《中华人民共和国农民专业合作社法》立法做出先行先试的重要贡献。习近平同志从当时农业双层经营体制不够完善，集体统一经营服务功能薄弱，农民组织化程度低，务农种粮收入低、困难多的实际出发，2006年1月在省农村工作会议上提出了“积极探索建立农民专业合作社、供销合作、信用合作‘三位一体’的新型农村合作体系”，同年12月19日亲临温州瑞安市召开全省现场会，部署推进全省发展农村新型合作经济工作。党的十八大以来，习近平总书记又多次提出推进“三位一体”的改革，“三位一体”改革两次写入中央1号文件。“三位一体”新型合作经济已经在浙江乃至全国形成了燎原之势。这是习近平总书记新型合作经济思想的创新实践，也是浙江讲好总书记在浙江的又一生动故事。

（二）“三位一体”农村新型合作经济是新型双层经营体制的重要组织制度创新

习近平总书记当时在浙江提出和推动实施“三位一体”农村新型合作经济改革，是在我国人多地少资源禀赋和大国小农的基本国情农情背景下，对完善统分结合的农业双层经营新体制的重大实践创新，是实现农业第二次飞跃的基础和内在要求。“三位一体”农村新型合作经济发展有效提升了农业生产组织化、规模化水平，进一步丰富了统分结合双层经营体制中“统”的内涵，促进小农户与现代农业发展有机衔接，提升了农民参

---

* 本文获得浙江省主要领导批示。

** 作者简介：顾益康，浙江省文史馆馆员、浙江农林大学浙江省乡村振兴研究院教授；潘伟光，浙江农林大学浙江省乡村振兴研究院执行院长、教授；胡伟斌，浙江大学中国农村发展研究院院长助理。

与市场竞争的层次和能力，是农村生产关系和农业经营体制的又一次重大创新。

（三）“三位一体”农村新型合作经济是推动农民共同富裕的重要抓手和平台

从共同富裕的视角看，市场经济条件下合作联合能产生交易费用节约、规模经济、议价效应、全产业链增值等内生的收入增加效应，并从根本上解决农民生产、供销、信用等方面的痛点难点问题，起到了先富带后富、先富帮后富的作用。浙江发展农村新型合作经济实践表明，这是广大农民群众走向共同富裕的重要路径，特别是促进务农农民成为中等收入群体的有效路径。

二、瑞安15年实践凸显了“三位一体”强农富民的生机活力

（一）厚植了发达地区农业新优势，探索高效生态新型农业现代化道路

瑞安“三位一体”农村新型合作经济发展最显著成效就是培植了发达地区农业发展新优势，探索出了高效生态新型农业现代化道路。在发达地区普遍面临农业稳粮保供和提质增效难题之时，作为浙江温州沿海经济发达的瑞安市农业却呈现出一片兴旺发达、生机盎然的喜人景象，全面提升了“米袋子”和“菜篮子”的建设水平。其最重要的秘诀就在于坚持与时俱进地发展“三位一体”农村新型合作经济，培植了农业发展新优势，有效地提高了务农的经济效益，使瑞安农业率先走上了高效生态新型农业现代化道路。

（二）完善了农业双层经营新体制，推动农村基本经营制度创新

一方面，推进了家庭经营的专业化、规模化和经营主体的新型化，全面提高了农民组织化程度。目前全市拥有专业大户1 272个、家庭农场496个、农业龙头企业141个，这些新型经营主体已经成为瑞安农业经营的主力军。另一方面，强化了双层经营体制中“统”的功能，形成了规模化、专业化家庭经营＋产业化合作经营的新型农业双层经营体制，将小农户成功地引入现代农业发展轨道，为实现邓小平讲的“农业第二次飞跃”开辟了现实的道路。

（三）形成了为农服务组织新体系，促进政府农业管理职能转变

瑞安市不断拓展大组织大平台的功能，不断创新大联合大服务的形式，构建了“市级农合联＋乡镇农合联＋产业农合联”的“1＋10＋N”纵横相连的为农服务组织，推动了政府从微观管理走向宏观管理，从直接管理走向间接管理，从管制性管理走向服务性管理，真正实现“小政府、大服务”，也促进了涉农服务资源统筹和优化配置。

（四）增添了乡村社会治理新力量，加速农村基层治理的现代化

县镇（乡）两级“三位一体”农合联广泛吸收了农民合作社、家庭农场、专业大户、农业龙头企业等多元主体，汇聚了农创客、新农人等各类人才，通过导入优质资源，增

强了乡村社会治理的力量，提高了农村基层治理的现代化水平。

三、深化“三位一体”改革促进农业现代化和农民共同富裕的建议

（一）学深悟透习近平总书记“三位一体”综合合作改革的全面科学内涵与重大现实意义

一要完整地认识“三位一体”改革的内涵和任务。不能简单地把“三位一体”改革看成仅仅是单一供销社系统的改革或农业部门服务体系的改革，其全面内涵任务是对以家庭联产承包责任制为基础的农村基本经营体制的一次深化和完善。二要把深化“三位一体”改革作为新时代农村第二步改革的核心任务。着力点要放在构建以专业化规模化家庭经营为基础，生产供销信用“三位一体”综合合作为依托的统分结合的新型农业双层经营体制。这是在发展社会主义市场经济和现代农业的新时代对农村生产关系和农业经营体制的又一次重大改革创新。三要深刻认识到习近平总书记提出的“三位一体”综合合作改革是马克思主义农业合作化理论中国化的最新成果。坚持把引导农民走合作发展生产力和合作共富道路作为党的坚定不移的方针，坚持农民在农村新型合作经济中的主体地位。

（二）把“三位一体”综合合作改革打造成浙江“三农”的又一张金名片

2006年习近平亲自推动实施的“三位一体”农村新型合作经济的改革，为实现农业强和农民富开辟了新捷径，开启了中国特色社会主义农业现代化和农民共同富裕的新征程，是实现“中国要强，农业必须强；中国要富，农民必须富”的金钥匙。为此，要延续总书记“三位一体”现场会做法，并借鉴“千万工程”推进的经验，营造一把手亲自抓、各部门协同抓的良好氛围，做到一张蓝图绘到底，一届接着一届干，把“三位一体”综合合作改革打造成与“千村示范、万村整治”工程一样的浙江“三农”的金名片。

（三）要与时俱进推动“三位一体”农村新型合作经济的迭代升级

一是“三位一体”综合合作改革必须要全面加强与村经济合作社的联合合作。要从村经济合作社是最具广泛性的农民合作组织和农业双层经营体制统一服务层次的实际出发，使农民合作经济组织联合会（农合联）成为更具实力和服务能力的统一服务的新层次、新组织、新平台，把农合联服务延伸到村一级，把建立村综合服务社与发展壮大村级集体经济更加紧密地结合起来，村经济合作社要普遍加入农合联，形成更具代表性、广泛性的农村新型合作经济大联合、大服务的新格局。二是要加强信用合作经济改革。要从农村信用合作社历史上是农民合作金融组织以及信用合作是农村新型合作经济盈利和发展不可或缺的重要环节的实际出发，农合联的合作基金和村集体经济的资金应通过参股到原信用合作社改制的农村商业银行（农商行），使农商行成为名副其实的农民合作

银行，也使农合联不断增强盈利能力和为农服务实力。三是要进一步拓展“三位一体”合作新领域。从农业生产合作向农民生活服务、农村生态建设等方面扩展，拓展消费品供给、生活垃圾分类回收和资源化利用、乡村旅游、养老、文创等新合作联合服务。加快整合各类涉农资源，积极发挥数字经济等新型资源要素在为农服务中的作用，不断满足新型农业经营主体发展现代农业综合化、复合化的新要求，不断满足广大农民生产、生活和生态融合发展的新需求。

深化农村改革的浙江路径*

赵兴泉　汪明进　潘伟光**

浙江在“八八战略”指引下，通过农村改革赋能，率先走出了一条从温饱奔向高水平全面小康并通向中国特色社会主义农业农村现代化发展之路，成为践行习近平总书记关于“三农”工作重要论述的重要展示窗口。

一、浙江深化农村改革的标志性成果

1. 开辟了生态文明新时代“绿水青山就是金山银山”的“两山”发展之路。浙江从“绿水青山就是金山银山”理念诞生地到生态文明建设先行地，努力探索多途径“两山”转化之路。如率先探索省级生态系统生产总值（GEP）核算标准，创新“绿水青山”养护制度、产权制度、交易制度，产生了一大批生态环境和经济发展互促共进的好方式、好样本。

2. 走出了从“效益农业”到“高效生态农业”为特征的现代农业发展之路。习近平同志在浙江工作期间明确指出，把发展高效生态农业作为效益农业的主攻方向。经过十多年的发展实践，浙江已形成了绿色发展、集聚发展、融合发展的现代农业发展新特征，走出了一条强农转型之路。

3. 开创了从“千万工程”到新时代美丽乡村建设的现代农村发展之路。习近平同志亲自部署实施了“千村示范、万村整治”工程。浙江持续迭代升级，造就了万千美丽乡村，大大提升了老百姓的获得感、幸福感。2018 年 9 月，浙江“千万工程”荣获联合国地球卫士奖；2019 年，中共中央办公厅、国务院办公厅下发文件，要求在全国深入学习浙江“千村示范、万村整治”工程经验。

4. 探索出从农民高素质提升到全面发展的现代农民发展之路。现代化的核心是人的现代化。浙江围绕农民全面发展，在农民素质能力提高、公共服务均等化、统筹城乡发展等方面持续发力。如作出了实施“千万农村劳动力素质培训工程”的重大决策；组建浙江农民大学，开展全省农村实用人才和新型职业农民职业能力与素质培养。浙江农民

---

* 本文刊于《浙江日报》2021 年 7 月 26 日第 7 版。

** 作者简介：赵兴泉，中央农村工作领导小组办公室、农业农村部乡村振兴专家咨询委员会委员；汪明进，浙江农林大学浙江省乡村振兴研究院农村改革与城乡融合发展研究中心副主任、副教授；潘伟光，浙江农林大学浙江省乡村振兴研究院执行院长、教授。

成为大众创业、万众创新的现代化农民的好典范。

5. 创新了从建立村务监督委员会到“三治结合”智慧治理的乡村现代治理之路。习近平总书记多次强调坚持和完善新时期“枫桥经验”，鼓励基层群众干部的治理方式创新创造。武义县后陈村村务监督委员会的组织创新经验被汲取并写进《中华人民共和国村民委员会组织法》，桐乡市自治、法治、德治相结合的乡村治理经验被写入党的十九大报告，宁海“小微权力清单”、象山“村民说事”向全国推广。浙江已经成为我国善治乡村的典范。

二、浙江深化农村改革的重要举措

1. 坚持新型城镇化与乡村建设同频共振，驱动城乡融合发展。“八八战略”强调进一步发挥浙江的城乡协调发展优势，加快推进城乡一体化。十多年来，浙江坚持统筹城乡双轮驱动，率先以“千万工程”为农村综合性改革龙头工程推进新农村建设；深入实施美丽乡村建设；持续推进新型城镇化建设，推动中心镇、特色小镇建设等，实现基础设施城乡一体化。城乡收入差距持续缩小、城乡面貌日新月异、城乡融合进程加快。

2. 坚持以农村土地制度和集体产权制度改革为引领，赋予农民充分发展权利。浙江在农村土地制度和集体产权制度“两制”改革上走在全国前列。习近平同志在浙江工作时，就高度重视村经济合作社股份合作制改革。目前，浙江建立了农村集体产权制度体系；率先创新宅基地“三权分置”、集体经营性建设用地入市、闲置农房激活等经验做法，保障了农民的基本权益，助力乡村要素的市场化以及农民财产权利实现。

3. 坚持政府创造环境、农民创造财富，提升服务效能发展效率。聚焦民本、尊重民创、保护民有、善用民营、实现民享。浙江率先停征农业税，制定农民专业合作社条例。近年来，推动科技进乡村、资金进乡村、青年回农村、乡贤回农村，全面促进乡村振兴。“最多跑一次”改革撬动了“三农”领域各项改革，数字化改革正在赋能政府高效能服务，优良的营商环境激发了广大农民创新创业的活力。

4. 坚持产业高质量发展、人才高素质提升，推进农业农村发展。产业兴旺是乡村振兴的重要基础，而人才振兴是乡村振兴的关键。浙江在“高效生态现代农业”战略指引下，做强做精做大特色主导产业，实现产业体系、经营体系、服务体系的变革。加强农村高素质人才队伍建设，大力推广农村工作指导员、科技特派员、大学生村官和“第一书记”制度。推出本省户籍就读农林类专业大中专免学费政策，将体制内农业高级职称向农民开放。乡村干部素质水平的提高、高素质农民队伍的壮大，支持了浙江乡村新产业新业态的发展。

5. 坚持扶贫攻坚的山与海双边合作、农户与集体双向发力，推动共富共享。共同富裕是人类社会孜孜以求的美好愿景，是社会主义的本质要求。十多年来，山海协作工程成效明显。先后实施“低收入农户奔小康工程”“低收入农户收入倍增计划”和持续提升城乡低保水平，实现县域范围内低保标准城乡一体化，大力推进消除集体经济薄弱村三年行动，率先高水平全面建成小康社会。

三、浙江深化农村改革的基本经验启示

浙江农业农村改革干在实处、走在前列，系统地回答了农村改革的宗旨、改革方略、改革路径、改革方法、改革推进机制等重要问题，为全国深化农村改革提供了重要的经验启示。

一是坚持以农民发展为中心的改革宗旨。通过实施一系列农业农村改革来解放农民、赋权农民、转化农民、提升农民、发展农民、富裕农民，回应了广大农民群众对美好生活的向往，切实增长了农民利益和权益，提升了农民全面发展的素质和能力。

二是坚持统筹城乡兴“三农”的改革方略。以推进城乡综合配套改革为主线，不断推动城乡户籍制度、土地制度、产权制度、公共服务制度、社会治理制度等系列改革，破除制约城乡融合发展的根本性体制机制障碍，促进人才、资本、技术、文化等要素自由流动和资源优化配置，推动新型工农、城乡关系加快形成。

三是坚持一张蓝图绘到底和与时俱进的改革路径。以“八八战略”为总纲，一届接着一届干。同时，在继承发扬原有改革历史逻辑的基础上不断推陈出新、迭代升级。

四是坚持群众路线与上下联动的改革方法。在贯彻中央精神的前提下，积极尊重农民群众的首创精神和基层干部的创造力，推动改革更加精准对接发展所需、农民所盼、民心所向。

五是坚持高位推动、高效协同、点面结合、多元合力的改革推进机制。坚持高位推动突破启点，在“千万工程”“三位一体”新型农民合作经济组织等重大农村改革创新上，始终坚持党政“一把手”亲自启动、亲自推。坚持部门协同聚焦痛点，通过协调小组和“专班”工作机制，取得协同高效成果。坚持以点带面瞄准重点，充分发挥改革试点对全局性改革的示范、突破、带动作用。坚持多元力量撬动支点，发挥政府主导作用，激发农民的主体性、能动性、创造性，积极引导社会力量参与，多元合力共同撬动农村改革发展。

中国共产党百年乡建的经验与启示*

顾益康　刘传磊**

中国是世界上人口最多的发展中大国，在过去100年间我国从积贫积弱迈向繁荣富强，中华民族迎来了从站起来、富起来到强起来的伟大飞跃。尤其是从温饱不足到迈向全面小康，困扰中华民族几千年的绝对贫困问题历史性地得到解决，取得了令全世界刮目相看的重大胜利。"三农"问题始终是我国建设和改革的根本问题，中国共产党100年波澜壮阔的奋斗史，也是破解中国"三农"问题的曲折而辉煌的百年乡村建设史。

一、中国共产党百年乡建的辉煌历程

在革命年代，以毛泽东同志为核心的党的第一代中央领导集体，找到了一条中国特色的革命道路。在江西井冈山创建了农村革命根据地，在延安宝塔山进行局部执政，在河北平山指挥了决定解放战争走向的辽沈、淮海、平津三大战役，然后进驻北京香山筹建中央人民政府，最终在天安门城楼上向世界宣告中华人民共和国成立，历经28年乡村革命，推翻了帝国主义、封建主义、官僚资本主义"三座大山"。毛泽东同志探索出的这条革命道路，就是以农民为主力军，农村包围城市，武装夺取政权的乡村革命道路。

在新中国成立后的社会主义建设时期，中国共产党为彻底废除"三座大山"对农民的剥削压迫和对农业生产力的束缚，全面实行"耕者有其田"的土地改革和农业社会主义改造，开始了农业合作化道路的探索，开展了大规模的农田水利建设，提高了农业水利化、机械化、电气化的水平，促进了农业生产力的迅速恢复和快速发展。但在农业合作化后期，农业生产力遭受严重的挫折。党的十一届三中全会以后，以邓小平为核心的党的第二代领导集体支持农民包产到户的改革行动，开启了中国市场化改革的历史新进程，支持农民群众发展乡镇企业、个私企业和民营经济，找到了一条以乡村改革推动全方位改革开放的中国特色的改革道路。

党的十八大以来，中国特色社会主义进入新时代，针对发展不平衡不协调、城乡差距较大等问题，以习近平同志为核心的新一届中央领导集体，从"没有农民的小康，就没有全国人民的小康"的认识出发，全面开展农村的小康建设和脱贫攻坚战。党的十九

* 本文刊于《农民日报》2021年7月31日第5版。

** 作者简介：顾益康，浙江省文史馆馆员、浙江农林大学浙江省乡村振兴研究院教授；刘传磊，浙江农林大学浙江省乡村振兴研究院生态文明与美丽乡村建设研究中心副主任。

大作出了实施乡村振兴战略的重大决策部署，按照“产业兴旺、生态宜居、乡风文明、治理有效、生活富裕”的总要求，在打赢脱贫攻坚战的基础上，努力开创了一条以全面推动乡村振兴促进中华民族伟大复兴和人民共同富裕的中国特色强国之路。

党的百年奋斗历程表明，“三农”问题是关系国计民生的根本性问题。从建立农村革命根据地到走农村包围城市的道路，从开展土地改革到实行农业合作化，从建立家庭联产承包责任制到推进农村承包地“三权”分置，从打好脱贫攻坚战到实施乡村振兴战略，依靠不断推动农村体制机制创新，才能取得国家发展的巨大成就，这充分体现了中国共产党开天辟地让中国站起来靠乡村革命，改天换地让中国富起来靠乡村改革，翻天覆地让中国强起来靠乡村振兴。

二、中国共产党百年乡建的历史经验

必须充分发挥亿万农民群众在革命、建设、改革和乡村振兴中的主体作用。在土地革命时期，实行“打土豪分田地”的政策，调动了农民作为主力军参与革命的积极性。新中国成立初期，实行“耕者有其田”的土地改革，倡导互助合作，农民大力支持，农业生产迅速恢复。党的十一届三中全会后，包产到户、发展乡镇企业和市场取向的改革顺应了广大农民的意愿，农村生产力得到新的解放。党的十八大以来制定的脱贫攻坚战、乡村振兴战略，更是得到了农民由衷的拥护。因此，始终坚持尊重农民意愿和主体地位的基本原则，是一条特别重要的经验。

必须充分尊重农民群众的首创精神，坚持党的群众路线。回顾百年乡建历程，必须避免两种倾向：一是因循守旧、思想保守，忽略农民自发的创新行为；二是急于求成、好大喜功，用行政命令的办法强制推行一些不切实际的做法和工程。这两个方面的问题都会使农民群众的利益遭到重大损失，对农民群众的积极性造成重大挫伤。因此，必须坚持党的群众路线，鼓励基层干部群众的创新精神；坚持求真务实的科学精神，把农民群众满意不满意、高兴不高兴、赞成不赞成作为衡量我们政策和工作好坏的根本标准。

必须组织农民、引导农民，走联合合作发展的道路。要让农民成为中国民主革命的主力军和无产阶级最可靠的同盟军，组织农民是必由之路。新中国成立后，成立互助组、合作社，通过提高农民的组织化程度，解决一家一户生产力不足的问题。改革开放后，实行家庭联产承包责任制，以恢复家庭经营在合作制中的基础地位。提高农民组织化程度对实行乡村振兴战略也是非常必要的，只有建立了村民之间基于利益分配的紧密组织机制，才能引导广大村民真正参与到乡村建设中来。

必须高度重视解决好农村农民的土地产权问题。在中国，农民问题的核心是土地问题。中国共产党高度重视农民对土地权利的诉求，从“打土豪分田地”的土地革命，到“耕者有其田”的土地改革，再到实行土地的家庭承包责任制，都是尊重和保护农民的土地产权。近年来，党中央通过农村集体产权制度改革，以及农村土地征收、集体经营性建设用地入市、宅基地制度改革试点，建立和完善了土地所有权、承包权和经营权“三权分置”的新型土地产权制度，也是尊重和保护农民的土地产权。

必须加强和改善党对“三农”工作的领导。革命战争年代，中国共产党领导农民打土豪分田地，建立了革命根据地和红色武装，领导中国人民取得抗日战争和解放战争的胜利。改革开放后，中国共产党找到了一条从农村改革推动全方位改革开放的新路子，就是在社会主义市场经济条件下统筹城乡发展、推进社会主义新农村建设和乡村振兴，既充分坚持发挥市场机制在“三农”发展中的基础作用，又发挥好政府对“三农”的政策支持和法律保护作用。在农村的基础设施建设和公共服务体系建设、高效生态的现代农业基础建设、农村新社区的规划建设、城乡融合的公共服务体系建设上，需要充分发挥党政主导作用和公共财政的支撑作用。

三、对农村改革下半场的前瞻性思考

要把实施乡村振兴战略作为农村改革发展的主抓手，把实现农民、农村共同富裕作为新目标。上半场让一部分地区、一部分人群先富起来，下半场把重点放到先富带后富，先富帮后富，实现共同富裕上来，这也就是中央要求浙江建立共同富裕示范区、率先探索共同富裕之路的现实意义。努力实现广大农民群众普遍持续增收，加快缩小城乡、区域和人群收入差距，加快补上农村教育、医疗、养老、社会保障等公共服务短板，进一步激发和保护农民群众创业就业创富的积极性和创造性，形成全民创业全面创新的良好机制和氛围，进一步发展壮大集体经济，强化扶弱济困、山海协作，促进欠发达地区农村更快更好发展。

进一步完善农村基本经营制度，构建“统分结合，双层经营”体制。普遍推行家庭联产承包责任制，建立统分结合双层经营的农村基本经营制度，这是农村上半场改革最重要的成果。目前，在发展社会主义市场经济和农业现代化进程中如何提高农民组织化程度，如何把村经济合作社、农民专业合作社联合发展与农村供销合作社改革结合起来，培育出新型合作服务组织和服务体系，成为能为千家万户家庭经营提供社会化统一服务的新型合作经济，实现农业第二次飞跃，也是农村改革的下半场需要突破的任务。

要进一步完善以公有制经济为主体、多种所有制经济共同发展的基本经济制度，为民营经济发展创造更加有利的发展环境。乡镇企业、个私经济、民营经济大发展是中国经济体制充满生机活力的最重要的因素之一。在改革的下半场，我们需要进一步解放思想，加强对民营经济的引导与支持，要从民营企业既是资本联合体又是劳动联合体的双重性质出发，引导民营企业树立“员工至上”理念和共同富裕新理念。通过构建企业投资者、企业劳动者共创共富的利益共同体和命运共同体，建立员工收入与企业效益联动机制，形成企业发展紧紧依靠员工创造性劳动和员工共享企业发展成果的良性循环。

要大力推进新型农业现代化，实现农业高质高效。“中国要强，农业必须强”，农业是粮食安全、农民致富最重要的产业支撑和保障，大国小农的国情农情决定了中国农业现代化不能走美欧的路子，必须探索中国特色的农业现代化之路。在未来农业发展中必须十分关注农产品的高质化和高效化，农业产业体系的多功能化和全产业链化，农业生产方式的绿色化和循环化，农业生产主体的规模化和新型化，农业生产技术的生物化和数智化，农业流通营销的物联化和品牌化。在现实中，最重要的举措是尽快改变农业从业者老龄化的状况，促进农地向年轻化、知识化、职业化的新型农民集中，让有“三农”情怀，有职业技能，有匠人精神，有社会责任的新农人成为现代农业生产经营的主体力量。

要以新型城镇化战略与乡村振兴战略双轮驱动，加快推进城乡融合发展，构建新型工农城乡关系。在农村改革的下半场，城镇化工业化市场化还是推动“三农”发展的强大动力，缩小城乡发展差距，使城乡成为地位平等、和谐共存的社会共同体，实现城市让生活更美好，乡村让城市更向往的优势互补、互惠互利的人民美好生活的共同体。要通过深化城乡综合配套改革，消除在户籍制度、公共服务制度、政府管理制度上的城乡分割，让愿意进城的农民可以自由进城，实现转换。农民市民化，市民也可以自由上山下乡，让美丽繁华城市成为农村年轻人发展成长的新空间，让生态宜居的美丽乡村成为城里人休闲养生的世外桃源。

农村改革“重要窗口”的浙江担当

赵兴泉　汪明进　潘伟光*

21世纪以来，浙江“三农”工作在“八八战略”统领下开创了全新局面。

“八八战略”是解决当前经济社会发展不平衡、不充分、不协调的一把金钥匙，更为破解“三农”问题指明了方向、提供了方法。历届浙江省委坚持以“八八战略”为遵循，立足省情、科学谋划，一张蓝图绘到底、一任接着一任干，在更高水平、更高质量上把农村改革引向深入，使其成为全国农民收入最高、农村环境最美、农业最绿色高效、城乡居民收入差距最小、农业农村体制机制最具活力的省份，农村改革成了浙江展示新时代中国特色社会主义制度优越性“重要窗口”的靓丽风景。

一、坚持“绿水青山就是金山银山”，用“两山”理念引领生态文明建设

2005年8月15日，习近平同志在考察安吉余村时指出，“绿水青山就是金山银山。”15年来，浙江坚持“两山”理念不动摇，实现从环境生态优势向社会经济优势的华丽转变。从“千村示范、万村整治”到创建生态省、打造“绿色浙江”；从“美丽乡村”到“美丽经济”，大力开展美丽乡村示范县、示范乡镇、特色精品村创建和美丽乡村风景线打造；从实施“811”环境整治行动到“五水共治”“三改一拆”“四边三化”，再到乡村全域土地综合整治；从流域、山林的生态补偿机制建立、完善到江河源头县取消GDP考核、设立全民生态日、生态产品生产总值（GEP）核算等，这一系列改革举措和生态环境保护的体制机制建设，改善了农村生态环境、居住环境和人文环境，确立了现代生态文明理念，重塑了乡村生态文化。这一套贯穿17年的改革组合拳及其行动轨迹，无不体现浙江对“两山”理念的坚定遵循和辩证认知，并根据经济社会发展不同时期面临的新矛盾、新问题，及时完善和提升，开辟了一条生态文明新时代的“两山”发展之路。

---

* 作者简介：赵兴泉，中央农村工作领导小组办公室、农业农村部乡村振兴专家咨询委员会委员；汪明进，浙江农林大学浙江省乡村振兴研究院农村改革与城乡融合发展研究中心副主任、副教授；潘伟光，浙江农林大学浙江省乡村振兴研究院执行院长、教授。

二、坚持新型城镇化与乡村建设同频共振，用“两轮”驱动城乡融合发展

2002 年 12 月，习近平同志在义乌考察时指出：“要把城乡作为一个整体来考虑，积极发挥工商业对农业的反哺作用和城市对农村的带动作用，促进城乡融合，共享现代文明。”按照习近平同志指引的方向，浙江跳出“三农”抓“三农”，统筹城乡兴“三农”，把城市和农村、工业和农业进行整体布局、统筹谋划，“双轮驱动”城乡协调发展。从“全局高度看统筹城乡经济社会发展”到《浙江省统筹城乡发展推进城乡一体化发展纲要》的制定出台；从改革开放促“三农”和深化城乡综合配套改革，到《浙江省美丽乡村建设行动计划（2011—2015 年）》提出“四美三宜两园”目标；从“城乡各自推进向统筹城乡经济社会发展整体推进”到“建设资源要素优化配置的有效机制”，一系列“健全以工促农、以城带乡的长效机制”文件出台和实施，城乡之间鸿沟逐渐弥合，“一把扫帚扫城乡”“一条水管通城乡”“县域公交连城乡”，有线电视、宽带网络、污水纳管城乡全覆盖、公共服务均等化、基础设施一体化、保障制度逐步并轨……这些机制和举措，彰显了浙江挖掘乡村与城市要素互动所溢出的改革发展优势，城市和乡村形成地位平等、能量互补、开放互通、共同繁荣的发展新引擎，持续驱动农业、农村蜕变。

三、坚持农村土地制度与集体资产股份权能改革牵引，用“两制”改革赋予农民充分发展权

2004 年 3 月习近平同志指出，“浙江改革开放二十多年走过的道路，就是一条在不断克服困难中前进的改革创新之路，就是一段‘发展出题目，改革做文章’的历程。”浙江紧紧抓住“三农”发展的关键制约，以赋予农民充分的发展权利为主线，十分重视“破土”改革，不断深化农村集体产权制度改革，激活农村资源要素和农民群众的创业潜能。在农村集体资产股份权能改革上，从建立第一家村股份经济合作社到“确权到人（户）、权跟人（户）走”全面推进；从《关于全省村经济合作社股份合作制改革的意见》的全面实施到德清县、江干区、乐清市等一批国家级农村集体产权制度试点改革经验在全国推广；从《浙江省村经济合作社组织条例》的修订出台再到《浙江省农村集体资产管理条例》的颁布实施，在全国率先完成农村集体经济组织股份合作制改革，构建起“归属清晰、权能完整、流转顺畅、保护严格”的农村集体产权制度体系。在农村土地制度改革方面，义乌市创设性提出宅基地资格权，突出农村宅基地的保障属性和物权功能，推动农村宅基地“三权分置”和用益物权市场化改革；德清围绕“谁来入市”“什么入市”“怎么入市”“收益怎么分”这些核心问题，实施集体经营性建设用地入市改革，创下全国第一宗农村集体经营性建设用地入市和全国第一笔

农村集体经营性建设用地使用权抵押贷款"两个第一"；义乌、德清的经验上升为中央政策写入1号文件。绍兴在全国率先组织实施闲置农房激活计划，出台《闲置农房（宅基地）流转交易实施意见》和《农村产权交易管理办法》，探索适度放活宅基地和农民房屋使用权，拓展扩大农民财产性收入的路径和机制；乡村全域土地综合整治、坡地村镇建设点状供地项目在全省深入实施，湖州、金华农业标准地建设的成功探索等；这些土地制度的改革创新，都以尊重发展权益为出发点和落脚点，重新点燃农民对土地的炽热情感，使浙江农村很快形成各种要素充分涌流、创业创新激情竞相迸发的创富热潮。

四、坚持政府创造环境、农民创造财富，用"两创"提升服务效能和发展效率

习近平同志指出"浙江经济就是老百姓经济，但是老百姓经济并不是说党委、政府是无所作为的，恰恰是党委、政府尊重群众的首创精神。"多次强调要努力建设服务型政府，"审批项目减少了，政府可以腾出更多精力来搞好服务"。浙江始终将这一理念贯彻到改革各个环节，以"思想放开、政策放活、发展放手、管理放权"的"四放方针"创造政府服务软环境。从2004年宣布全面停征农业税到2006年在全国率先取消农业税；从便民服务中心、机关效能建设到《关于建立健全为民办实事长效机制的若干意见》出台；从每年政府工作报告列出"要突出抓好十个方面实事"到以"最多跑一次"撬动农村改革全面深化；从多予、少取、放活的制度体系建立到"两进两回"的政策体系建构，充分运用市场和政府这"两只手"，着力构建市场有效、政府有为的营商环境，促使农民分工、分业、分化和农村非农产业发展，培育新业态，探索出一条"聚焦民本、尊重民创、保护民有、善用民营、实现民富"为特色的"两创"之路，浙江农民人均可支配收入连续36年居全国首位。

五、坚持产业高质量发展、人才高素质提升，用"两高"推进现代农业发展

2004年，习近平同志提出发展高效生态农业战略思想。2006年进一步指出，大力发展现代高效生态农业，提高农业比较效益，把传统农业改造成具有持久市场竞争力、能持续致富农民的高效生态农业；把传统农民改变为适应分工发展要求的高素质新型农民。17年来，浙江抓住"市场竞争力"和"可持续发展能力"这一核心，充分发挥农业比较优势，探索现代农业发展新路径。在农业经营体系方面，从诞生第一个农民专业合作社到出台全国第一部农民专业合作社法规，为这一新型农业经营主体确立了特殊市场主体的法律地位，为全国制定《农民专业合作社法》提供了实践基础，先后创造了无数"全

国第一”：第一张流转土地经营权证，第一个建立流转土地保证金，第一个实施流转土地经营权抵押贷款，第一个出台省级政府文件鼓励发展家庭农场，第一个专门制定工商登记办法引导家庭农场走向市场，第一个创建生产合作、供销合作、信用合作“三位一体”的新型农村合作经济体系。在高效生态农业方面，从乡村建设到乡村经营、从美丽乡村到美丽经济、从农业产业到乡村产业、从一二三产业融合到全产业链打造、从智慧乡村到数字农业，浙江农业逐步融入全球产业链、供应链和价值链，亩产“吨粮万元”已是平常事。在人才高素质提升方面，从2003年实施科技特派员、农村工作指导员、大学生村官和第一书记制度到第一个让农民免费上大专、定向培养农民大学生；从千万农村劳动力素质提升工程到新型职业农民培养，再到高素质人才队伍建设，2003—2008年，浙江共选派科技特派员1.56万人次、法人科技特派员19家、团队科技特派员354个。这些“高位嫁接”的人才机制，有力推动了农业现代化转型和农业供给侧结构性改革。浙江现代农业发展之路，就是以市场为导向，以提升农民素质为抓手，不断推进农村产业的迭代升级，农业、农民与市场一起成长，形成“农业有钱赚、农村有奔头”的良性循环。

六、坚持山区与沿海双边合作、农户与集体双向发力，用“两双”推动扶贫攻坚、共富共享

2020年浙江城乡居民收入比为1.96，在全国率先缩小到2以内。这得益于习近平同志在浙江工作期间十分重视脱贫攻坚、扶贫帮困的“山海协作”。2003—2006年，习近平同志多次指出，山海协作是缩小地区差距、促进区域协调发展的有效载体，山海协作工程是把欠发达地区培育成为浙江新的经济增长点的有效抓手。浙江的山海协作不是一般意义上的扶贫，而是从一开始就着眼于全省生产力和人口的空间布局优化，促进发达地区加快发展，欠发达地区跨越式发展的携手共进式协调发展。经过多年实践，成效显著，发展不平衡不充分问题率先破题：浙西南地区获得项目、资金和人才，内生发展动力得到加快提升；沿海地区获得要素资源和发展空间，经济转型升级得以加快提升。进入新时代，浙江省坚持不懈、聚力打造“山海协作工程”升级版，区域协调发展新格局基本形成，浙西南山区绿色发展水平和群众增收能力显著提高。实践证明，农村集体经济是凝聚力，也是黏合剂，浙江在农村产权制度改革中，非常注重村级集体经济的发展壮大，从多方式发展村级集体经济到“消除集体经济薄弱村”计划，从“公司＋农户”“专业合作社＋农户”的合作到“飞地”抱团发展，多途径、多维度消除集体经济薄弱村、培育经济强村，以村集体产业发展和集体经济实力，帮助贫困农户就业、扶持村民创业，走出扶贫开发与区域协调发展、村集体与农户双向发力、共创共富共享的康庄大道。

七、坚持党建引领和乡村善治建设，用“两建”推进乡村治理现代化

习近平同志在浙江工作期间，面对“谁来管、怎么管”“谁来治、为谁治”这一基本问题，系统提出了“以发展强村、靠建设美村、抓反哺富村、促改革活村、讲文明兴村、建法治安村、强班子带村”乡村治理新理念。从武义“后陈经验”、宁海“小微权力清单”、桐乡“三治”结合、象山“村民说事”等基层治理创新探索，到坚持和发展新时代“枫桥经验”，健全党建统领“四治融合”的城乡基层治理体系；从“整镇推进、村村过硬”基层建设到“五星达标、3A争创”，形成以党建为引领，全面提升农村基层治理整体水平。从民主恳谈会衍生而来的参与式镇村预算管理，为2014年全国新《预算法》修订提供实践基础，到《村民委员会组织法》在全国推广，再到中共中央办公厅、国务院办公厅《关于建立健全村务监督委员会的指导意见》的印发，浙江始终走在基层治理前列，涌现出“平安浙江”“枫桥经验”“三治融合”等全国知名社会治理品牌。这些由基层首创、在全省推行的基层治理机制和载体，起始于2004年习近平同志批示要求研究建设“法治浙江”的战略思考，《中共浙江省委关于建设“法治浙江”的决定》开启“法治中国”在浙江的实践，开创由“平安浙江”到“平安中国”“治村之计”上升到“治国之策”的新境界。

八、坚持单项与集成联动、自上而下与自下而上联动，用“两联”推进改革持续深化

农村综合改革是对工农之间、城乡之间利益分配格局的全面调整和优化，涉及部门广泛，内容丰富庞杂，过程曲折细微，远远超出农业农村的范畴。2006年习近平同志指出，“要着眼于农村改革和其他改革的有机联系，以及农村综合改革各项任务之间的内在统一，从整体上推进各项改革，为新农村建设提供不竭的动力。”十多年来，浙江全面深化农村综合改革，始终坚持城乡融合发展的目标导向和市场配置资源的改革取向，突出体制机制创新的示范价值，把问题转换为思路，把思路转化为典型，把典型上升为模式，把模式普及成常识，蹄疾步稳，一步一个台阶。从温州市获批全国第一批农村改革试验区，到绍兴市整市获批宅基地改革试点，浙江农村改革呈现出多点化突破、创造性落实、全省域推进的改革态势；从2004年制定的《浙江统筹城乡发展推进一体化纲要》到2012年出台的《关于深入推进统筹城乡综合配套改革积极开展农村改革试验的若干意见》，再到《2020年浙江省深化“最多跑一次”改革推进政府数字化转型工作要点》，浙江始终坚持从实际出发、注重分类指导，坚持综合改革系统集成，坚持上下联动、切实解决问题，坚持自上而下与自下而上相结合、多元力量汇聚，坚持点上试验和面上推进互动、单项

与综合改革集成、依法改革与制度建设并重，为国家治理体系和治理能力现代化贡献越来越多浙江元素和浙江经验。

作为习近平新时代中国特色社会主义思想的重要萌发地，浙江忠实践行“八八战略”，奋力打造“重要窗口”，基本形成了一套“三农”工作经验，那就是：坚定不移地坚持以农民发展为中心的改革宗旨，不断地解放农民、赋权农民、转化农民、提升农民，促进农民分工、分业、分化；坚定不移地坚持城乡融合、一体统筹的发展方略，按市场化、工业化和城市化方向，促使农村裂变、农业蝶变、农民转变；坚定不移地坚持与时俱进、不断创新的改革探索，尊重群众的首创精神和基层的创新实践，及时予以支持、总结、完善、提升和推广；坚定不移地坚持多元力量汇聚的农村改革推进机制，政府主导、农民主体、市场主推，把这三股力量凝聚成同心同向的发展动能，力争在农业农村率先实现社会主义现代化先行省的目标。

做好区域和城乡协调发展大文章*

鲁可荣**

新时代，新目标。“十四五”开局之年，浙江进入高质量发展建设共同富裕示范区新阶段。但当前，发展不平衡不充分问题仍然存在，区域发展、城乡融合、民生保障等领域仍有短板和弱项。要在共同富裕之路上行稳致远，能否统筹效率与公平，能否实现高质量发展、高水平均衡与高品质生活，能否率先破解不平衡不充分问题，至关重要。

我认为，要进一步深化“山海协作”，推动高质量区域均衡协调发展。近年来，浙江按照“八八战略”部署，着眼山区与沿海生态资源共享、区域优势共同发挥、内部动力与外部扶持共同增进等目标，建设了一批山海协作产业园、“飞地”园区、生态旅游文化产业园等共建平台。作为一项成功经验，“山海协作”工程需要持续深化，要将“山海协作”与乡村振兴战略、大花园建设、大通道建设等结合起来，要因地制宜、多措并举、多轮驱动、多方合作，进一步构建和完善覆盖市县镇村的“山海协作网”，有力推动山区26县高水平发展，使之成为浙江发展的新增长点。

以乡村振兴战略为支点，推动高质量城乡融合发展。要坚定不移走以人为核心的新型城镇化道路，扎实开展高质量乡村建设行动、农业农村现代化建设行动，尤其是，必须进一步科学规划布局城乡发展空间、统筹整合城乡特色资源，构建好城乡一体化新格局，巩固提高城乡融合发展水平。此外，还需健全城乡融合发展体制机制和政策体系，加大实施“两进两回”行动力度，让科技、资金、人才等要素充分流动，助力打造全国城乡融合发展试验区、乡村全面振兴先行示范区。

让低收入群体共享发展成果，推动高质量民生共建共享。尽管浙江高水平全面建设小康社会已取得决定性成就，但2020年全省低收入农户人均可支配收入和全省城乡居民人均可支配收入相比仍然差距不小，收入结构有待优化，民生保障有待加强。因此，我认为，要衔接好低收入百姓增收攻坚战与乡村振兴战略的各项政策，尤其是，要加快小农户与现代农业有效衔接，稳步做好各类异地搬迁工作，在高质量发展中完善城乡居民就业、教育、社保、医疗、住房、养老、托幼等各方面民生福祉工作，更要将相关社会保障政策更多地向低收入群体倾斜，让发展成果更公平地惠及全体人民，在共建共享中真正实现共同富裕。

---

* 本文刊于浙江新闻客户端，2021年5月17日。

** 作者简介：鲁可荣，浙江农林大学浙江省乡村振兴研究院农村文化与乡村社会治理研究中心主任、浙江农林大学文法学院院长、教授。

浙江省数字乡村建设的主要短板和完善建议

王成军　刘传磊*

加强数字乡村建设是乡村振兴的战略方向，也是建设数字中国的重要内容。通过加强数字乡村建设，实现产业赋能和智治创新，是推动浙江省加快农业农村现代化先行区建设，争当城乡融合先行者、乡村振兴排头兵的重要保障。《浙江省数字乡村建设实施方案》，提出了未来数字乡村建设的总体要求、总体框架、重点任务、保障措施等，为全省推动数字乡村建设提供重要的指导和遵循。浙江省数字乡村建设取得了一定成绩，但是，还存在一些明显的短板：

一是顶层设计不够充分，部门数据资源分散。数字乡村项目覆盖面广，需要多部门协同合作。目前缺乏统一的顶层设计规划，牵头部门缺乏具体抓手和权威性，各部门重视程度不一，数据资源共享机制不健全，信息孤岛、数据壁垒、数据碎片化和信息不对称等问题大量存在，部门互联互通、协作协同的工作机制有待强化。比如统一地址库建设工作，虽然已经有了平台，采集了地址数据，但是各部门尚未有对统一地址库的应用。

二是资金和人力投入不足，社会资本利用有限。针对浙江省数字化试点建设任务，省委、省政府已加大了资金投入，但是资金整体分布不平衡，投入不合理，比如顶层框架设计运行资金不足，没有独立专班工作机制，省级数字乡村信息化平台缺乏建设资金；农村劳动力文化水平普遍偏低，从业人员对信息化项目的操作水平跟不上建设水平，导致意愿不强、意识不足，专业素养偏低，缺少专业型人才。比如四个试点县（区）建成的智慧农业示范基地，因为人才缺乏，依然使用传统的人工方式开展经营管理。缺乏高素质劳动力和整体信息化建设资金保障，在一定程度上制约了数字技术的应用。

三是现代信息技术与农业全产业链融合深度不够，应用不能有效满足群众需求。现代信息技术解决某些农业产业现实问题仅停留在“用技术”本身，“互联网＋现代农业”和智慧农业释放数字红利有限，效率、效果和效益与工业和服务业数字化赋能作用相比存在一定差距。全省大部分的数字乡村信息化建设还处于起步阶段，对乡村治理和乡村服务的痛点堵点研究不够，应用场景不能有效满足群众需求。

四是氛围营造不够浓厚，特色亮点有待挖掘。从四个试点县（区）调查结果看，数字化乡村建设项目普遍缺乏统一规划，以条线宣传为主，未突出数字乡村整体宣传理念，

* 作者简介：王成军，浙江农林大学浙江省乡村振兴研究院首席专家、教授；刘传磊，浙江农林大学浙江省乡村振兴研究院生态文明与美丽乡村建设研究中心副主任。

而且宣传的同质化现象明显，缺乏创新性和自主品牌，数字乡村的优势特色没有得到充分挖掘，群众感知度较差，宣传推介不够，发展后劲不足。比如临安区的“农民住房一件事”，大多数人观念仅停留在建房层面，缺乏数字乡村整体概念。

这些短板与建设农业农村现代化先行省的要求相比还有一定的差距。为此，建议从以下几方面着手施策：

首先，创新体制机制，强化顶层设计。一是加强数字乡村建设专班的功能，统筹协调重大决策、工作部署和督查考核。为县域平台提供省市数据共享支持，实现数据定期更新。完善业务数据规范，明确数据采集质量、周期等要求，加快信息化改造，提升传统工作数据采集质量。根据《浙江省数字乡村建设实施方案》，推动、出台市、县级层面更为具体的实施方案。二是健全工作机制，明确职责任务，强化部门协同，把握时间节点，协调业务需求，做好数据统筹和归集，形成上下联动、部门协同工作合力。三是编制数字乡村发展规划，充分利用浙江省乡村振兴研究院等科技创新服务平台和政策研究平台，为数字乡村顶层设计、智慧农业等方面提供全方位的支撑。

其次，探索数字经济新业态，注重产业数字赋能。一是创新智能化农业生产经营管理模式，建设高水平美丽生态牧场、数字农业示范园区（基地），推进生产管理数字化。二是推进农村电商示范建设，打造农产品区域公用品牌，推进流通营销数字化应用。三是建设规范标准的农业信息资源目录体系，实现“三农”数据资源全领域、全整合、全数据、全汇集的乡村数据资源分中心，推进公共服务数字化应用。四是加快实现市场化运营。以“新基建”为抓手，引导市场主体参与乡村现代化基础设施建设，推进乡村物联网感知设备部署。培育市场化数据应用服务主体，加快实现乡村治理数字化平台的市场化运营推广。

再次，提升乡村治理能力，促进智治创新。一是健全政治、自治、法治、德治、智治“五治”体系，丰富乡村治理应用场景。按照集聚提升类村庄、城郊融合类村庄、特色保护类村庄等不同类型，丰富村庄规划布局、产业发展、环境整治等应用场景。完善乡村数据管理系统建设，提升辅助决策的精准性和实时性。二是深化实施“四个平台”建设，实现市场监管、综合执法、安全监管、便民服务向农村延伸，配强全科网格队伍，加快镇村两级综治中心规范化建设。三是拓宽“城市大脑”服务基层治理的路径，通过智慧农村、智慧社区、智慧城市等智慧应用功能的研发，加快推进基层智慧治理，扩大数字应用场景覆盖面。

最后，加强合作研究，推广典型经验。一是充分发挥浙江大学、浙江农林大学等有涉农专业高校人才智力优势，重点围绕乡村产业数字赋能与智治创新，开展合作研究和成果提炼，利用高校的研究优势，提炼数字乡村工作亮点和探索经验。二是借鉴德清、建德等地的数字乡村治理地方标准制定和示范村庄建设的经验，因地制宜地制定各地关于乡村要素资源开发共享数据的地方标准，促进“两山”转化，推动乡村振兴战略的全面实施。

关于全面推进“农业标准地”制度改革的若干建议

汪明进*

农业标准地是指运用工业化理念、开发区模式和项目化管理方式，满足相关控制性指标要求，在土地流转基础上，通过招商引进项目用于发展现代农业的耕地。推进农业标准地建设既为农田地力提升和农业适度规模经营提供标准，又为乡村产业融合发展项目用地提供保障性制度规范，还为科技进乡村、资金进乡村和青年回农村、乡贤回农村提供平台和载体。

“农业标准地”先从种植业试行，逐步向其他农业产业拓展。农业标准地功能划分为三类，以体现规划引领和要素保障作用。如义乌市在推行农业标准地时，根据《基本农田保护条例》《粮食生产功能区管护办法》等法律法规以及不同类型耕地农业生产管控要求，将其划分为三类：一类标准地（一般农田），主要种植当年生作物和多年生作物；二类标准地（永久基本农田），主要种植当年生作物和多年生草本作物；三类标准地（粮食生产功能区），以粮食作物为主，种植其他当年生作物需种植一季粮食作物。金华婺城区则将其标准划分为三类：第一类是粮食生产功能区，主要以粮食作物为主；第二类是永久基本农田，主要种植当年生作物和多年生草本作物；第三类是一般农田、园地、林地，主要种植当年生作物、多年生作物。

一、全面推进“农业标准地”改革的重要意义

全面有序推进“农业标准地”改革，为提升农业农村现代化水平，探索乡村振兴新途径新模式，提供了土地要素保障。

一是深化农业领域“最多跑一次”改革，推进农业供给侧结构性改革。土地是农业经营主体发展壮大、实现产业兴旺的关键资源要素，政府引导农户适度规模流转土地至关重要。推进“农业标准地”改革，可以让农民放心流转土地。通过制度设计，使农民承包权得到保障，让农民没有了后顾之忧。同时通过建立综合性评价指标体系，突出农业项目带动农民增收的导向，使农民可以二次获利。“农业标准地”改革可以让农业生产主体放心经营。通过开展“农业标准地”改革，农业生产经营主体拿到的相当于是“净

---

* 作者简介：汪明进，浙江农林大学浙江省乡村振兴研究院农村改革与城乡融合发展研究中心副主任，副教授。

地”，实现了“即签即用”的作用，降低了成本，提高了效率。

二是优化布局农业生产力要素。农业生产力布局，即布局新型职业农民、新型经营主体等农业从业人员，布局土地、良种、优质农药肥料、先进机械设备等农业生产资料，布局先进适用农业科技与生产方式等。“农业标准地”改革，从土地流转环节看，对土地等生产要素进行了优化配置；从土地流入层面看，让耕地流入种粮大户、新型农业经营主体等，解决了“谁来种地”的问题；从设置控制性指标层面看，倒逼种粮大户、新型农业经营主体等土地流入方采用先进适用农业科技，优化了政府对农业科技投入的布局，破解了“如何种地”的难题。因此，“农业标准地”改革将优化农业生产力要素布局。

三是加快形成乡村治理现代化格局。“农业标准地”改革既是“地理图”也是“项目库”，对土地流转、设施农业、品牌创建、精准扶贫等各项工作起到撬动作用，起到“牵一发而动全身”的改革能效，加快了乡村治理现代化进程。在向全社会提供农业项目“标准地”准入要求、出让成交信息等服务，实现政府“带标招商、一次告知”和企业“看图下单、一图打尽”，构建“不见面、菜单式”“农业标准地”招商新模式，大大促进了乡村全面振兴战略的实施。

四是推动现代农业高质量发展。“农业标准地”改革从土地利用、产业布局、经营管理等全方位推进农业“标准化”“精细化”，让农用地有效服务现代农业发展，坚决遏制农地“非农化”，有效破解当前农村“空心化”、农业从业者“老龄化”、产业管理“粗放化”、比较效益“低下化”，以及土地抛荒等问题。特别是对粮食生产功能区“非粮化”问题，建立了非粮作物逐步退出机制。同时，通过设置控制性指标，全面提升农业现代化评价水平，进一步推动现代农业高质量发展。

“农业标准地”改革本质上是通过优化耕地布局，以最大化土地要素供给和增加村集体和农户财产性收入，但目前也存在问题与瓶颈。一是土地流转率不高，碎片化严重，土地产出率不够高；二是经营主体与农户点对点地签订协议，土地流转关系不够稳定，经营主体不敢进行大投入，影响长远发展；三是经营主体的经营情况直接影响农民收益，土地流转收益的有效保障机制尚未形成。尤其是在推行现代农业地区，非粮化问题相对突出，特色农业与粮农争地现象相对抬高了土地流转价格，导致种粮成本越来越高。

二、全面推进“农业标准地”改革的几点建议

一是突出土地流转过程中的抓手作用。针对农业生产中面临的主要问题，“农业标准地”改革能解决“谁来种地”“种什么样的地”的问题。通过标准地的形式对外招商，以实现“专业的人做专业的事”；政府便于监管，保障粮食产量，也能保证绿色、健康农产品的生产。

二是突出生产力布局规划引领的作用。根据区域现有农业种植条件、产业基础、地力条件、地类、水资源状况、保护要求等，农业地多规合一，为农业标准地招商定位提供重要依据。按照规划，农业标准地就是要强调引入生产力布局规划，选择合适的经营

主体来投资。通过生产力布局的规划引领和土地流转，解决粮食功能区非粮化现象，并使区块内的特色产业能更加集聚，形成一镇一品格局，以实现土地效益最大化。

三是突出农村一二三产业融合发展的内生需求，将耕地、园地、林地同时纳入农业标准地的界定范围，充分利用园地、林地和一般耕地等，为标准地招商入驻企业提供必要的建设用地、设施用地保障。同时将“农业投入指数、土地产出率、休闲观光指数、安全清洁生产、土地流转面积年限、带动效益情况、风险保障”等控制性指标纳入农业标准地界定范畴。

四是形成进入、退出机制。通过开展土地预流转、粮食功能区土地流转种粮补贴等试点，探索建立粮食功能区苗木种植退出机制。农业标准地经综合评估后，实行奖惩退出机制。

五是形成相对稳定平衡的土地流转价格体系。根据生产力布局情况，制定农业标准地划分标准，保证土地流转的平衡性，对土地流转价格制定片区指导价，降低土地流转成本、增加标准地储备量。

六是增加村集体收入。对农业标准地实施中的土地流转、农业招商、标准地的基础设施投入等予以资金扶持，鼓励政府扶持资金以村集体基础设施入股等方式扶持产业发展项目，不断增加村集体的资产性收入，充分发挥“农业标准地”综合集成要素价值附加和功能延伸作用。

七是建立土地风险保障金制度。为保障农户的基本利益，通过与保险机构合作，推出土地流转履约保证保险，降低农户土地流转风险，让“农业标准地”成为改善农村三产融合和乡村平台投资环境的加速器。

全面推进“农业标准地”改革，应从土地生产力布局到土地流转、标准地招商、风险保障机制建立、产业政策的扶持等方面着手，形成农业标准地改革体系。按照农业高质量发展导向要求，构建“农业标准地”出让指标体系。

产业振兴研究

关于摆脱竹产业发展困境推进高质量转型发展的若干思考[*]

沈月琴　吴伟光　熊立春[**]

一、重振浙江省竹产业发展辉煌的极端重要性

重振竹产业辉煌，对推进山区高质量发展和助力浙江省高质量发展建设共同富裕示范区意义重大。

1. 竹林是浙江省"绿水青山"的底色，是构建全省生态安全屏障的重要支撑。森林资源是生态安全的重要屏障，浙江省竹林面积达 1 411 万亩，占森林面积的 15.5%，保护和利用好竹林资源意义重大。原因在于：一是竹林生长周期短，7～8 年成林，成林后可持续采伐，通过"以竹代木"，可缓解森林采伐压力，让更多森林资源发挥生态保护作用。二是竹林经营具有特殊性，若没有适当的人工经营与采伐更新，竹林很快会退化，如果竹产业特别是竹加工业继续下滑，竹林得不到及时采伐利用与更新，将会面临竹林退化衰败（15 年），甚至导致生态灾难。为此，重振竹产业是保持浙江省"翠竹"永续长青、筑牢"绿水青山"底色、建设美丽大花园的客观要求。

2. 竹产业是山区农民致富奔小康的重要载体，是浙江省率先实现共同富裕目标的客观要求。"一亩山万元钱"是浙江省林业高质量发展的成功经验，在安吉、临安、龙游等竹子重点发展地区，农户近 1/3 的收入来自竹子种植与加工相关产业。因此，竹产业持续衰落，山区农民尤其是竹产业重点区域农民收入受到直接影响，进而影响共同富裕目标实现。

3. 竹子是理想的固碳树种，对浙江省率先实现"碳达峰、碳中和"战略目标具有重要作用。与普通森林相比，竹子生长周期短、见效快，成林后可连续间伐，既能保持林地覆盖稳定，又可通过竹材加工利用，将其固定的 CO_2 转移至竹制品，竹林经营综合效益显著。研究表明，毛竹的综合固碳能力是杉木的 1.5 倍，是理想的固碳树种，若经营得当，可充分发挥其固碳增汇作用，为率先实现碳中和作出积极贡献。

---

* 本文获得浙江省主要领导批示。

** 作者简介：沈月琴，浙江农林大学副校长、浙江农林大学浙江省乡村振兴研究院院长、教授；吴伟光，浙江农林大学浙江省乡村振兴研究院首席专家、教授；熊立春，浙江农林大学浙江省乡村振兴研究院副教授。

二、导致浙江省竹产业整体下滑的关键问题及其原因

1. 劳动力成本持续快速攀升，导致利润空间下降和竹产业萎缩。调研显示，近 10 年浙江省劳动力工资年均增幅达 9%，上涨了 2.35 倍，这对以劳动密集型为主的竹产业来说，若不能及时通过技术创新、“机器换人”等举措有效降低劳动力成本，利润下滑甚至亏损是必然的。

2. 环境保护政策执行“一刀切”，致使竹加工业快速萎缩。因对竹产业特点认知不足，存在环保政策执行“一刀切”现象。如，在竹制品加工过程中产生的竹粉等加工剩余物（约占 30%）是传统生物质燃料，但现有环保政策一律禁止竹粉作为燃料，阻断了“全竹利用”的渠道，不仅增加了企业成本，直接导致大批初加工企业关停或向周边省份迁移。

3. 无差别的“亩均论英雄”考核指标，限制竹产业转型升级。与工业行业相比，竹产业属于传统的弱质产业，但它又连接着千家万户，具有显著公益性、惠民性特点；对弱质的农林业给予政策倾斜与支持是世界贸易组织（WTO）允许的国际通行做法，如日本 21 世纪初专门出台了竹产业振兴计划。但是，目前浙江省在实施“亩均论英雄”考核时，未能考虑竹产业的特点，实施无差异的考核指标，导致一些有转型升级动力的竹加工企业因未能达标而难以进入园区。

4. 技术研发投入严重不足，导致产业竞争力不断下降。目前，竹制品加工行业大多为小微企业和家庭作坊，研发技术人才与投入严重不足，难以根据市场需求变化及时开发新产品，满足市场消费需求，导致产品生产相互模仿、低端同质化严重；同时，适合山区的小型林业机械研发不足，未及时推进“机器换人”，有效降低生产成本，这是导致行业萎缩的内在原因。

5. 周边省份竹产业的快速崛起与政策优惠，拉动浙江省竹加工企业外迁。江西、福建、湖北、四川等周边省份同为竹资源大省或新兴省份，近年来纷纷出台竹产业扶持优惠政策，加大对竹产业发展支持力度，但浙江省不仅劳动力成本高，环境整治力度也更严，导致企业大量外迁。

三、促进浙江省竹产业高质量转型发展的对策建议

1. 重新定位竹产业发展目标，构建竹产业“圈”状发展新格局。基于竹林经营的特殊性，在当前积极推进大花园建设和率先实现“碳达峰、碳中和”目标的背景下，需要对竹产业发展目标进行重新思考，不能仅从经济效益角度来看待竹产业，要从竹产业发展对固碳增汇的重要性、增收惠民广泛性，以及疏于管理后果的严重性等多维视角出发，重新定位竹产业发展目标，将竹产业作为兼具生态经济综合效益的特殊产业加以对待，并出台有针对性的支持政策。同时，要高标准制定竹产业发展规划，按照“提升一产、

做优二产、壮大三产”的总体要求，做好顶层设计，科学编制竹产业中长期发展规划，着力将浙江省打造成为全国竹产业技术研发中心、竹产品市场交易中心、竹产业信息中心。并要根据各地区竹资源分布与未来增长潜力，以及竹加工产业基础与特色，合理确定竹产业发展相关的龙头企业、产业园区、小微园区的空间布局与规模，形成全省一盘棋多层次竹产业“圈”状发展格局。

2. 政策支持竹产业发展的关键技术、新产品研发和小微园区建设。一是要支持竹产业发展关键技术与新产品研发。政府应基于竹产业的公益性惠民性特点，设立重大财政专项，依托农林高校、科研院所的优势，联合科技型企业，共同组建“竹产业技术研发中心”，围绕优良竹子品种、竹工机械、生产工艺、新型竹基材料和新产品研发进行技术攻关，从根本上解决科技与产品创新不足的瓶颈问题。二是要支持竹产业小微园区建设，制定与竹产业发展相适应的差异化考核体系与环保政策。不能简单参照工业行业，以亩均GDP和亩均税收作为竹产业相关企业的入园标准，应考虑竹制品加工行业的特殊性，专门制定竹加工企业入园标准与考核指标或给予指标单列。同时要针对竹产业特点，制定科学合理的环境保护标准，特别是对于竹粉燃烧利用，不能简单禁止，竹材作为生物质燃料是碳平衡的燃料，应在科学论证基础上，专门出台竹产业相关的环境保护标准与政策。

3. 充分发挥竹林碳汇功能，助力浙江省“碳达峰、碳中和”目标实现。森林增汇是国际公认的实现碳中和的重要途径之一。竹林是浙江省重要的森林增汇资源，因此，建议尽快编制“浙江省林业碳汇中长期发展规划”，并将竹林增汇作为重要组成部分，增加竹林碳汇试点，挖掘固碳增汇的潜力。一是要对现有竹林进行分类管理与改造。对交通立地条件较好的竹林，按照“一亩山万元钱”模式，实施集约化经营，在取得经济效益的同时，提高其固碳效应；对交通立地条件较差的竹林，调整为生态公益林，并按照碳汇林标准进行改造，实现固碳增汇的主要目标。二是要广为宣传森林碳汇（竹林碳汇也包括在内）在实现“双碳”目标过程中的作用与贡献，强化科普教育，增强政府部门和社会公众对森林碳汇重要性的认识。

4. 切实加大宣传引导力度，积极倡导鼓励推广竹制品使用。竹制品使用范围广，是典型的绿色低碳产品。进一步加大竹制品的使用范围，不仅可以实行“以竹代木”，减轻森林采伐压力，发挥竹制品的固碳作用；而且还可减少钢材、水泥等高碳产品的使用，起到间接的“替代减排”作用。因此，政府要出台相应政策，积极倡导鼓励推广竹制品的使用，特别是要将竹制品列入政府绿色产品采购目录清单，切实加大政府采购力度。同时，要多渠道加强宣传，牢固树立绿色消费理念，积极引导竹制品消费。

5. 积极培育新型经营主体，创新竹林经营模式。积极鼓励支持家庭林场、合作社等新型经营主体，通过股份合作等多种形式流转集中林地，实现规模化、标准化、高效化经营。同时，对于地处高山路远不便经营的竹林，可以调整为生态公益林，并进行竹林混交改造。

加快构建“三生”数字林业体系，打造林业高质量发展“重要窗口”

吴伟光　钱志权*

发展数字经济是贯彻“创新、协调、绿色、开放、共享”发展理念的集中体现，是深入推进供给侧结构性改革的重要抓手；深入实施数字经济“一号工程”是省委、省政府做出的重大决策部署。全国首部以促进数字经济发展为主题的地方性法规——《浙江省数字经济促进条例》已于2021年3月1日正式生效，“数字经济五年倍增计划”正在扎实推进，全省各行各业均在大力推进数字化转型，数字经济已成为经济社会高质量发展的新动力与主引擎。

一、打造“三生”数字林业具有特殊重要战略意义

浙江是一个“七山二水一分田”的省份，林业是具有生态、经济与社会多重效益的公益事业和基础产业。林业是浙江省推进大湾区、大花园、大通道、大都市“四大”建设，构筑国土生态安全的主屏障；林业是践行“绿水青山就是金山银山”发展理念，壮大山区生态高效富民产业的主阵地；林业是打造高质量发展建设共同富裕示范区，同步提升山区百姓幸福感、获得感的主战场；因此，推进林业高质量发展的战略意义是不言而喻的。

与此同时，一方面，林业作为重要的公益事业，具有显著的外部性，是天然的弱质产业，自身市场竞争力相对较弱，在推进高质量发展中是存在自身短板的。另一方面，浙江是全国数字经济中心，通过数字赋能来推进林业高质量发展具有天然优势。因此，如何依托浙江数字经济领先发展优势，结合林业行业自身特点，加快打造“森林生态—林业生产—林区生活”全域覆盖的数字林业体系，通过数字化改革，提升林业自身发展动能，拓展林业发展空间；在全国率先打造以数字林业推动林业高质量发展的“重要窗口”，既是浙江林业高质量发展的必然选择，也是浙江林业发展的应有之义。

* 作者简介：吴伟光，浙江农林大学浙江省乡村振兴研究院首席专家、教授；钱志权，浙江农林大学浙江省乡村振兴研究院副教授。

二、浙江省数字林业建设的现有基础与短板

（一）数字林业建设现有基础扎实

依托数字经济发展领先优势，浙江省数字林业建设起步较早、基础较好，整体水平走在全国前列。一是全省已初步建成森林资源动态监测与管理数字化平台。2014 年，龙泉市率先研发《龙泉市林业信息集成（一张图）系统》，实现森林资源、森林灾害、林权交易等森林资源信息的数字化应用，并已在全省范围逐步推广应用。二是以“互联网+”为特征的智慧林场、数字工厂、农村电商等林业发展新模式、新业态正在蓬勃发展。2019 年浙江县域农产品网络零售额达 819 亿元，产业发展动能与效益显著提升。三是结合“最多跑一次”改革，深入推进山区数字化转型，山区林区生活服务与乡村治理数字化水平明显提升。目前，浙江省林业信息化率达到 82.7%，屡获“全国林业信息化建设十佳省级单位”称号，数字林业整体水平处于全国前列。

（二）数字林业建设的短板

尽管浙江省数字林业整体水平处于全国前列；但与其他行业相比，与数字经济“一号工程”建设的总体要求相比，数字林业发展依然存在诸多短板与不足，具体表现为：

一是全域覆盖、纵向联动、横向联通“三生”数字林业总体框架体系尚不健全。尽管森林生态资源监测与管理数字化，林业产业数字化，以及山区林区百姓生活服务与管理数字化平台已在加快建立完善之中，但“林业生态-林业生产-林区生活”子系统之间尚未真正实现互联互通，数字林业应用场景有待拓展，数字林业整体效能尚未充分发挥。

二是森林生态资源监测与数据采集设施与技术相对落后。森林资源大多地处高山偏远区域，资源监测与数据采集技术难度较大，急需建立“天空地”立体监测系统，急需扩大监测范围、提高监测精准度。但受经济发展水平的限制，山区林权在 5G、物联网、人工智能等新基建与新技术建设与推广应用方面，还远远落后于其他地区与行业。目前，森林生态资源监测仍以传统技术，甚至是人工采集为主，监测效率低，实施成本高，也难以实现动态实时监测与更新。

三是专业人才短缺与投入资金不足。森林生态资源监测、林业生产具有很强的专业性，需要大批具有专业知识背景的数字化人才；但机构改革后，随着林业部门人员编制整体缩减，林业部门数字化管理机构与人员均被压缩；各级财政每年对林业数字化建设的投入有限，林业数字化转型受到很大限制。

三、“三生”数字林业框架体系的主要内容

“三生”数字林业框架体系涵盖“森林生态-林业生产-林区生活”三大领域。具体而言，要以现有林业“一张图”为基础，构建集森林生态资源监测与预警、林业生产经营

管理与决策、林区百姓生活与林业政务于一体的覆盖全域、纵向联动、横向联通的“三生”林业数字“云”服务平台，成为全国数字林业的“重要窗口”。

一是集成打造林地、湿地、森林资源为一体的生态资源监测与预警系统。具体而言，要系统集成林地、湿地、森林资源、气象等自然资源地理信息系统，全面全域掌握林地、湿地、森林资源本底与动态变化，实现森林资源数量、森林资源质量、森林灾害、森林碳汇、森林生态服务价值等数据信息的动态可视化呈现。

二是集成打造以“产业大脑+”为核心的林业生产经营决策与服务支撑系统。按照数字经济“一号工程”2.0版要求，以产业大脑为支撑，以林业全产业链为对象，系统集成林业经营主体数据信息系统、经营林地地块信息系统、林权流转交易系统、林业科技服务信息系统、种子种苗与农资信息系统、林产品市场信息系统、农林产品电商管理服务系统、森林旅游与康养智慧系统，推动林业全产业链生产经营决策与服务支撑数字化转型。

三是集成打造林区百姓生活与乡村治理数字化智治平台。继续深化乡村“最多跑一次”改革，按照建成“掌上办事”和“掌上办公”之省总体要求，结合山区林区及林农现实需求特点，加快推进集乡村综治平台、政务服务平台、民生保障服务平台、乡村治理平台等于一体的乡村治理与生活服务智治大系统，实现乡村治理与生活服务管理数字化转型。

四、推进浙江省“三生”数字林业体系建设的关键举措

加快“三生”数字林业体系建设，重点需要采取以下关键举措：

一是尽快启动数字林业发展专题规划。按照浙江省数字经济“一号工程”战略总体要求，结合林业行业自身特点，由林业部门牵头抓紧编制浙江省数字林业发展专题规划，明确浙江省数字林业建设的时间表与路线图。

二是加大山区新型基础设施建设投资力度。以建设“泛在林业”为长期目标，加大山区林区5G、物联网、人工智能等新型基础设施与检测体系建设，为开展“天空地”一体化资源监测与数据采集提供设施与技术保障。

三是加强数字林业人才技术支撑。依托高等院校、科研机构、IT企业等单位的人才技术优势，组建联合攻关团队，对接全省一体化智能化公共数据平台标准，在现有森林资源“一张图”基础上，开展技术攻关，开发可视化林业信息“一张图”，泛在终端应用“一张网”，并逐步扩大数字林业应用场景。

景宁县生态产业振兴与高质量发展对策研究

孔凡斌　徐彩瑶　李兰英　王苓　陆雨　袁如雪　杨文才　程文杰*

2021年6月，浙江省发展和改革委员会发布《浙江省山区26县跨越式高质量发展实施方案（2021—2025年）》，提出要推动山区生态产业高质量发展。景宁县是全国唯一的畲族自治县，是国家级生态示范区，生态资源禀赋十分优越。作为国家生态产品价值实现的重要示范地，景宁县生态产业振兴与高质量发展对于推进"绿水青山"向"金山银山"转化及实现山区县跨越式高质量发展的理论创新和实践探索至关重要。当前，景宁县生态产业高质量发展面临地理位置偏僻，产业发展整体落后，技术创新水平低，区域品牌知名度不高，优质人力资源短缺，产品对接市场能力弱，政府管理服务能力有待提高等问题，亟待寻求破解之策。为此，浙江农林大学"生态产业振兴与高质量发展"暨"社科赋能景宁县跨越式高质量发展服务团"研究团队对当前景宁县生态产业高质量发展面临的优势和劣势条件进行分析，提出具体对策建议。

一、生态产业振兴与高质量发展面临的优势和劣势条件

（一）景宁县生态产业振兴与高质量发展的资源禀赋优势

一是生态资源禀赋优势明显，森林生态产业发展条件优越。森林健康等级达到健康的面积比例为99.92%，达到健康等级的森林面积居于优势地位。水体质量高，水能蕴藏量大，作为全国首个"中国农村水电之乡"，全县水能蕴藏量达66.62万千瓦，年电能达18亿千瓦时，占全省水力资源可开发量的1/10。空气环境质量优良率100%，康养产业发展条件优越。生物多样性丰富，生物资源开发利用及产业发展潜力大。耕地土质条件优越，产业利用价值高。矿产资源丰富，钼矿的储藏量占全省首位，矿产资源经济发展基础比较雄厚。湿地资源丰富，生态旅游产业发展潜力大。最为突出的望东洋高山湿地，海拔1 230米，面积达600多亩，湿地内的江南恺木林属省内罕见，绝无仅有，国内也属凤毛麟角。

二是文化资源特色优势凸显，生态与文化旅游产业发展潜力大。景宁是浙江畲族的发祥地，畲族民歌、畲族三月三、畲族婚俗被列入国家非物质文化遗产，《千年山哈》

* 作者简介：孔凡斌，浙江农林大学浙江省乡村振兴研究院首席专家、教授；徐彩瑶，浙江农林大学浙江省乡村振兴研究院研究人员；李兰英，浙江农林大学经济管理学院教授；王苓、陆雨、袁如雪、杨文才、程文杰，浙江农林大学经济管理学院在读研究生。

《畲娘》等畲族体裁剧多次斩获大奖，“中国畲乡三月三”被评为“最具特色民族节庆”。丰富的资源是景宁的一张亮丽金名片。

三是生态产业区域公共品牌优势初步形成。“景宁 600”区域品牌初步形成，生态农业产业发展成效显现。以打造“景宁 600”区域公共品牌为突破口，开发出包含高山蔬菜、景宁惠明茶、深山野蜜、月子大米等系列“景宁 600”农产品 80 余款。2020 年“景宁 600”品牌销售额达 18.62 亿元，通过农业公共品牌，撬动了乡村振兴。

四是服务业产业体系基本形成，生态服务业发展效益稳步向好。基本形成了风情旅游、畲族文化、养生养老三大服务业产业体系，生态旅游业是支柱性产业，旅游业总收入从 2017 年的 54.07 亿元，增长到 2020 年的 67.46 亿元。

（二）景宁县生态产业振兴与高质量发展劣势并存

一是地理位置偏僻，交通条件差。地处浙西南地区的山区，道路设施中，95%都是村道，通往外界的高速公路只有一条，全县没有铁路，公路网总里程只有 1 970 多千米，其中的农村公路占比 95.7%，一级公路仍为空白，与外界通达度差。不利的区位条件，阻碍着生态产业振兴与高质量发展。

二是产业发展整体落后，产业结构不合理。生态农业发展先天基础薄弱，内生动力不足。耕地面积 15 268.32 公顷，仅占全县总面积的 7.87%，耕地面积过小，农业生产活动无法实现规模化、机械化，农业生产效率低。林分结构不合理，人造林普遍存在重造轻管的现象，森林病虫危害严重，森林资源质量不断下降。生态工业发展缓慢，发展质量不高。大部分工业企业缺乏产业链支撑，产能较小；产品科技含量低，缺乏市场竞争力。工业发展动能不强。现有工业企业结构单一，自身造血功能低，转型升级困难。工业发展资金不足，招商引资能力弱，缺乏外部资源流入。生态服务业大发展受限。受制于国家严格的生态环保制度的刚性约束，生态旅游产业规模化高质量发展遇到用地难、项目难以落地的困境。

三是技术创新水平低，创新驱动力不强。2020 年专利授权 257 项，发明 15 项，两者皆位于浙江省县域的末尾，产业创新潜力不足，现有生产技术落后，难以带领地方产业进行创新，“光伏＋设施农业”等低碳农业模式推行困难，“互联网＋”、智能机械、生物医药等现代科技难以与地方发展深度融合，科技创新能力严重不足。

四是区域品牌知名度不高，产品对接市场能力弱。“景宁 600”的品牌号召力、影响力、知名度等都还较小。品牌销售渠道还较低端、狭窄，生产、销售、管理、宣传全方位服务平台体系的配套还缺乏有力支撑，仓储、物流等配套设施仍然滞后，尚未有效对接大城市、大市场以及细分下的高端市场。现有国家公园与乡村旅游建设未能充分发挥地缘特征与文化特色，也没有将传统文化与生态资源进行深度融合，富有民族特色的建筑、文化与生态景观不能充分体现。

五是优质人力资源短缺，人才支撑发展能力弱。2020 年年末常住人口 11.1 万人，位于全省的倒数，存在劳动力不足的劣势，同时人才特别是高层次人才短缺问题严重。

六是政府管理服务能力水平有待提高。“整体智治，唯实唯先”的现代政府建设进程还不够快，政府各部门关键业务流程和环节流通性还不够强，一体化、智能化的办公体系还不够健全，“等、靠、要”思想不同程度地存在。

二、推动景宁县生态产业振兴与高质量发展的对策建议

（一）抢抓重大发展机遇，高质量构建县域生态产业体系

要紧紧抓住浙江省推动山区 26 县跨越式高质量发展和建设全国共同富裕示范区重大战略机遇，用好“全国唯一的畲族自治县”“国家级生态示范区”和“国家森林养生重点建设基地”等国字号金名片，打好“民族”和“生态”两张大牌，立足生态资源优势，加快构建生态农业产业体系、生态工业产业体系和生态服务业产业体系。

一是构建基于地理区域与资源禀赋的生态产业体系。要加快构建山地高效生态产业体系，尤其是以培育全县海拔 600 米以上的高山生态精品农产品为特色的“景宁 600”生态产业体系。实施农产品提质扩量等行动，着力培育“名、特、优、新”优质生态精品农产品，不断丰富农产品体系。加快构建以培植森林资源为主的营林业生态产业体系。实施营造阔叶林开展工程、珍贵木材（树种）培育工程、特色经济林基地等重点林业工程，带动区域内森林资源高质量增长与高效综合利用产业一体化协调发展。要建设以惠明茶为主的山地茶叶种植、采集、加工一体化产业基地。推进以鹤溪、红星、澄照为核心的惠明茶示范区及惠明茶加工集聚区建设，打造千峡湖沿岸早茶区、东坑白茶区等惠明茶产业带以及茶园生态有机化改造项目。稳步发展以森林公园和自然保护区为载体的山区生态旅游、休闲与康养服务产业。以项目带动山区生态旅游和康养产业的发展，在提升现有生态旅游项目水平的基础上，重点推动森林康养基地、风景区整体开发项目、国家森林公园开发项目等。加快建设以发展地方特色中药材种植业为主的中药材种植基地。重点建设多花黄精、覆盆子、金银花产业示范区。系统性地开发畲旅文化、药食同源文化等，提升畲药文化价值体系建设。加快构建水资源生态产业体系。依托优质水资源，打造水产养殖、风景旅游和水生态文化产品产业为重点的生物生态产业园。依托优质水资源，创建高山生态精品农业基地，探索“稻田种养”“茭鱼共生、茭鳅共生”等互利共生模式，发展综合型水渔产业。基于得天独厚的生态资源禀赋，加大对水域沿岸景观保护与开发利用，深耕“水旅”文化资源。

二是加快构建基于经济区域的生态产业体系。加快构建中心城市生态产业体系。以外舍新城、鹤溪老城和澄照副城为核心，辐射带动大均、梅岐等周边片区，重点挖掘畲族传统文化，打造具有畲族传统文化鲜明的休闲娱乐和特色餐饮食业为主导的生态服务产业体系。加快构建乡镇所在地生态产业体系。以乡镇所在地为依托，重点发展“景宁600”生态农业和高山康养休闲旅游为主的生态服务产业体系。加快重构景宁传统产业生态化体系。改造升级区域内竹木加工和农副产品加工企业，通过降耗提效，大力调整传统不合理的产业结构，以及全面优化布局，并与新构建的生态产业体系形成网络互补和

相互支撑。

（二）牢牢把握生态产业振兴与高质量发展的着力点

一是大力发展生态工业。以现有工业园区为依托，进行优化组合。加快工业园区建设生态化，加大园区基础设施改造，重点加大对景宁民族创业园、王金洋复合产业区和110千伏变电所区块、丽景民族工业园（飞地）、东坑工业区块（谋划区块）的资金、技术投入，加快提升平台能级，合理布局产业链、创新链，推动生产要素向平台集聚，打造产业集群，着力招引一批产业链配套企业，推进建链、补链、延链、强链，优化产业布局。

二是积极发展生态农业。高水平打造有特色的“景宁600”区域公共品牌，着力培育“名、特、优、新”优质生态精品农产品。深入开展“景宁600”包装统一和产品分级工作，推出惠明茶等产品公版包装，建立起统一的产品标准和品牌品质体系。积极推广茶园养羊、稻田养鱼、茭田养鸭、林下种药等生态共生循环模式，不断提升“景宁600”农产品生态附加值。

三是稳步发展生态旅游业。围绕“古老风情的奇妙体验”全域旅游发展定位，深度挖掘民族文化和生态特色，坚持旅游开发与生态环境建设、历史文化遗产保护同步规划、同步实施，把生态观念和生态文化融入旅游的各个环节。建设若干主题型生态旅游度假区，使生态旅游成为景宁县的重要品牌，带动旅游业整体水平的提高。

四是加快发展现代服务业。打造以东方广场商业综合体、畲乡古城为核心的县城“双核”智慧商圈，加快重点商业（美食）街区、社区商业网点提档升级。谋划建设县级电商创业园，完善电子商务公共服务平台功能，优化县乡村三级快递物流体系，推动电子商务与一二三产融合发展。探索创新绿色金融综合服务平台，依托丽水市创建国家级金融支持乡村振兴改革试验区，推动银行和其他金融机构开发绿色金融、农村金融等特色金融产品，开展特色金融服务。支持排污权、碳排放权、涵养水源、生物多样性等“生态权”进行市场交易，逐步建立市场化自然资源资产产权交易体系，畅通“资源-资产-资本-资金”转化渠道，为低碳环保、生态旅游、食品加工、竹木加工等产业或项目提供信贷服务。

（三）加大政策支持，完善政策体系，助力生态产业振兴与高质量发展

一是加大财税金融政策支持力度。加大对景宁县政府各类投资和产业投资基金支持力度，发挥好政策资金的引导作用，支持和鼓励企业加快生态化改造，对生态供应链、生态园区、生态工厂、生态产品和生态设计示范企业给予更加有力的奖励补助。加强政策性银行对景宁县生态产业公共基础设施项目的支持力度，国家开发银行“共同富裕”融资专项资金中重点支持景宁县生态产业基础设施建设；支持景宁县特色生态产业对接世界银行、亚洲基础设施投资银行等金融机构，助力境外低成本融资。有效发挥政府性融资担保机构的作用，为景宁县符合条件的企业提供融资担保服务；加强“政企银”合

作，推动建立跨领域、市场化绿色金融标准体系，充分利用金融杠杆提升“生态贷”等绿色金融潜力，促进“绿水青山”到“金山银山”的价值转换。

二是完善土地保护利用政策，缓解生态产业发展用地紧张“瓶颈”。支持景宁县通过乡村全域土地综合整治与生态修复工程、城乡建设用地增减挂钩项目产生的城乡建设用地增减挂钩节余指标，加大生态产业建设用地保障力度。支持景宁县探索建立“市场化推动山区建设”新模式。盘活山区土地、山林、房屋等资源要素，实行股份化、市场化、实体化运作。支持探索实施农村集体经营性建设用地入市制度，有效盘活利用山区闲置宅基地和农房，建立“土地银行”。改进耕地占补平衡管理办法。落实新增耕地指标、城乡建设用地增减挂钩节余指标调剂机制，重点支持景宁县生态产业发展用地需求。

三是加大科技创新政策支持。支持和鼓励浙江省内相关高校和科研机构以及企业围绕生态产业发展，加强生态产业共性技术、原创技术研究和在景宁县的集成应用与成果转化。支持和引导科技资源向景宁县企业聚集，组建景宁县生态产业技术创新战略联盟，建立以企业为主体、市场为导向、产学研深度融合的技术创新体系。

四是完善生态保护补偿政策。要进一步加大财政转移支付政策的支持力度，缓解财政紧张。要加快完善景宁县转移支付制度，动态调整分类分档体系，提高转移支付分配的精准度，进一步加大对重点生态功能区的倾斜支持力度。要整合各类相关资金设立“飞地”专项资金，重点支持“飞地”和特色生态产业平台高质量建设与发展，通过异地发展工业，使景宁得到相应的生态补偿，实现生态环境保护和经济发展的“双赢”的效果，如在丽水经济开发区内设定4平方千米的丽景民族工业园，作为景宁县经济建设的“飞地”。要加大中央和省市预算内资金对景宁县基础设施建设的支持力度，特别是景宁县绿道建设扶持力度，对绿道建设中涉及的公路项目，按照公路等级予以重点支持，省级补助标准重点向景宁县生态功能区倾斜。要进一步完善景宁县内自然保护区的财政补助政策、生物多样性保护专项资金项目，推动湿地群保护区的保护和修复。要进一步完善生态保护补偿制度，提高补偿标准。支持景宁县开展森林资源生态服务价值和差别化补偿政策试点示范，提高补偿效率，完善补偿方式，提高补偿效率。支持在景宁县开展流域横向生态补偿试点，探索建立基于水量和水质的横向生态补偿机制。要完善农业补贴制度。大力支持景宁县依托本地资源优势发展农产品加工业，鼓励发展“公司＋农户”与“基地＋农户”等多种形式的山地农林业适度规模经营。支持建立健全景宁农业信贷担保体系，给予政策倾斜。加大对景宁县耕地轮作休耕的补贴力度。要建立饮用水源生态补偿机制。支持景宁县尽快出台和加快实施《关于建立龙潭桥水库县城饮用水水源地生态保护补偿机制》，特别设立县城饮用水源地生态保护补偿专项资金，省市财政给予补贴。

五是创新人才引进政策。支持景宁县设立省级博士后工作站，博士后出站后到景宁县民营企业工作的，财政给予补助。支持推荐符合条件的“飞地”人才申报省级有关人才计划。加大新兴产业人才扶持力度，鼓励支持短视频、电子竞技、动漫制作等新兴业态发展，对精英人才和团队核心骨干人才，享受购房补贴、畲乡人才津贴等政策。大力实施“鸿雁归巢计划”，鼓励引导景宁籍全日制大学毕业生回村参选村干部。支持建设人才集聚平台，鼓励支持丽景园、澄照创业园、城北工业区块等创建省级特色产业工程师协同中心、省级产业创新服务综合体，并向幼教木玩、智能电器、“景宁 600”等产业倾斜，在人才项目、人才经费上给予优先保障。

六是建立健全保障体系。要加快建立现代化治理体系，加强数字政府建设；建立生态产业振兴和高质量发展规划体系；健全国土空间规划体系，形成国土空间规划“一张图”，为制定实施生态产业振兴与高质量发展专项规划等重大战略任务落地提供空间保障。要完善工作机制，改善营商环境。降低特色生态产业重大产业项目准入门槛，符合条件的项目可提前预支新增建设用地计划指标。

促进浙江田园综合体高质量发展，奋力打造共同富裕重要窗口的建议

尹国俊　刘颖嘉*

2022年中央1号文件《中共中央　国务院关于做好2022年全面推进乡村振兴重点工作的意见》（下简称“意见”），将“促进共同富裕”作为开展“三农”工作的落脚点。田园综合体作为共同富裕示范区建设的新引擎、城乡一体化的新支点、农村创新创业的新载体、新农村建设的新样本，在《乡村振兴战略规划（2018—2022年）》等中央文件中多次被提及。田园综合体将成为实现乡村现代化和新型城镇化联动发展的一种新模式，一定程度上可以作为实现共同富裕的重要抓手。在高质量发展建设共同富裕示范区的大背景下，浙江需要对标新要求、分析新问题、提出新方法，促进浙江田园综合体高质量发展，为2022年承前启后建设国家级田园综合体中间年交出具有浙江特色的完美答卷。

一、浙江田园综合体探索实践成效

浙江省自开展田园综合体建设以来，已建成3家国家级和10家省级田园综合体，在全域发展、产业协同、开发运营、主体参与、社会效益多方面取得显著进步，对打造共同富裕窗口具有重要实践意义。

（一）数字赋能乡村，智能管理田园

浙江省将数字信息服务融入田园综合体建设，接轨现代化。在田园综合体建设过程中，浙江省突破传统的信息服务局限，利用浙江省独特的互联网服务前沿阵地优势，大力发展智慧农业、线上商业和数字生态。展茅镇“智慧田园”数字赋能农旅融合系统，带动周边农家乐营收320万元。萧山区深入推进智慧治理，综合运用大数据、云计算、物联网等现代信息技术，加快整合各领域数据资源，建立了完善共享的田园综合体治理数据。

（二）平台协调资源，统筹运营园区

园区发挥的平台作用对田园综合体建设至关重要。浙江省现已建成的综合体均遵从“农业核心区＋支持配套＋衍生产业区”的园区化模式。例如，包括观音莲花精品园、观

---

* 作者简介：尹国俊，浙江农林大学浙江省乡村振兴研究院副院长、教授；刘颖嘉，浙江农林大学在读研究生。

音稻米体验园等“七大农旅综合示范园”的“普陀田园综合体”“先谭产村田园综合体”打造的仙潭村国际乡村未来社区、中国业园、农业公园、美丽田园共同形成的都市农业风景。

（三）多元主体经营，各方联动发展

浙江省田园综合体遵循多元主体参与的经营开发模式，企业参与、城乡结合、多方共建，稳步助力共同富裕。例如，“田园鲁家”和上虞大通农场采用的“企业＋村集体＋农户”运行模式；“花香漓渚”组建的由“镇集体＋村集体＋国资企业参股”的田园综合体发展公司；“普陀田园综合体”盘活多元主体，构建了“国资＋集体＋农户”等四种不同组合的主体投资模式。众多成功案例表明，多元主体参与是适合田园综合体发展的最优模式。

（四）园区拉动就业，促进宜居宜业

浙江省田园综合体自创建以来，取得了集体增资产、农民得实惠的显著成果。例如鲁家村人均年收入从 2011 年不足 9 000 元增长为 2019 年的 4.71 万元，2021 年带动 1 000 多名村民在家门口实现就业。“米果果”历时 5 年提供 400 多个就业岗位，每年支付给当地农民的收入不少于 2 000 万元；“普陀田园综合体”近两年来辐射周边乡村景区实现旅游收入 720 万元；“鞍山村综合体”实施农民持股计划，到 2020 年年底实现城乡居民收入比缩小到 1.79∶1。田园综合体的建设实现了农民增收，促进了全省共同富裕的实现。

二、存在问题及原因分析

浙江省田园综合体建设取得了一定成效，但仍存在三产融合不充分、基础设施待完善、土地政策助农增收有限、人才缺口较大等问题，共建共享机制的缺乏导致田园综合体建设成果不能被多数村民共享，推动实现共同富裕力度有限。

（一）三产融合不足，多产联动不充分

田园综合体三产融合的广度和深度不足，持续性发展受到阻碍。当前一产和二产融合较好，与第三产业融合不足。部分地区在三产融合上出现了以延伸农业产业链为名行房地产开发之实、田园综合体等同于农业企业的种养基地等现象。总结下来主要有两点：一是业务纵向拓展不够，产业链延伸不足。二是产业联动力不强，缺乏联动共生机制。

（二）基础设施需加强，农民增收空间少

开展田园综合体建设，部分地区基础设施不够完善，限制了资源的充分调动。众多农产品由于信息不对称难以进入大众视野，游客进不来、产品出不去的窘境制约农民增收。物流的滞后对于主打农产品新鲜度的产业发展影响更大，“石苍山·隐”主导的“一

桌土菜”农鲜产品受物流限制，规模扩张困难。“稻海粮仓”双休日游客达到 6 000 人，但交通换乘、停车等问题限制了景点单日最大游客接待量，阻碍了经营规模的扩大和当地居民的增收。

（三）土地制度待完善，高效利用程度低

浙江省的地形地貌和传统的土地制度限制了自然资源的最大化利用。一是土地资源分散，无法通过集约化模式充分利用资源。例如“柯城区田园综合体”每户的土地分割零碎多达 10 余处，不利于农业机械化的全面推行。二是流转土地少，第三产业用地局限，发展休闲观光农业遇到瓶颈，例如“龙坞双桥省级现代农业园区”没有配套用地，无法落地完善农产品加工、冷链、物流等产业链。三是农业用地相关法规不完善，在调研过程中，企业反馈其村集体存量建设用地无法完成报建手续。

（四）城乡发展差距大，人才吸引力度小

人才欠缺是当前阻碍田园综合体发展的一大难题。城乡差距较大是乡村人才引进难留住更难的关键原因，不利于共同富裕的实现。例如“五四田园综合体”花卉种销园区的劳动力都是 70 岁以上的老人，具有一定运营能力的年轻人多在积攒经验后离开，自主创业；“景宁畲家田园综合体”在民俗运营、景区规划方面都缺乏大量人才，往往是一人身兼数职负责综合体多项工作，开发质量难以保障。

三、对策建议

促进田园综合体高质量发展需回归田园综合体内涵属性。田园综合体本质是农村“现代农业＋休闲旅游＋田园社区”的一种空间景观形态、产业市场业态、乡村文化风貌。所以从打造共同富裕示范区出发，浙江田园综合体建设必须遵循“综合开发-融合发展-众筹众创-共建共享”的发展模式。

（一）党建引领，经验共享指导共建

着力打造“党建”＋“田园综合体”发展模式，发挥基层党组织带头作用。一是发挥党建引领优势。打破传统行政村地域边界，组建片区党建联盟，以村、乡、县为主体，建立区域党建联席会议制度，共议、共享发展经验。二是发挥强村引领效应。发挥强村发展治理优势，带动各村的组织建设、治理水平和产业发展整体提升。三是发挥党员示范作用。市区之间建立支部书记结对、村干部综合体统筹培养、名师帮带等机制，由明星书记以老带新传授“治村经”，带动年轻干部快速成长。

（二）资源整合，集约利用持续发展

打破地域局限，提高资源的流动性，整合全域自然人文资源。一是汇聚政策合力，

构建人力、设备和场地“三共享”模式，帮助田园综合体跳出“没资源难发展、不发展没资源”的怪圈。二是打通综合体与各村空间壁垒，让综合体的资源出得去，外面的游客进得来，形成资源有效整合相互促进的利益链。三是各村社统筹谋划，秉持共同发展、规划先行理念，从综合体整体功能的角度出发促进乡村旅游的社区参与度。四是荟萃人才智慧，对选派的第一书记驻村督导员、大学生村官等工作力量优化整合，选派“土专家”对村民进行农业知识讲座、技能培训等，鼓励青年“回”农村，夯实青年创业“新平台”。

（三）多产共建，众筹众创促农增收

引导符合发展导向的产业在综合体集聚，形成具有特色优势的产业链集群，实现综合体联动发展。一是产业共融，三产互促，突出“农业＋”路径，挖掘本地自然文化资源卖点；引进龙头企业发展农产品深加工、传统手工业、乡村建筑业等；通过“众筹发展”模式，推动产业合作共营，发挥规模效应。二是品牌共育、宣传共推，各区域党建联合体统一设计产品标识、包装，挖掘品牌内涵、特色和潜力。三是渠道互通，拓展宣销途径，搭建云平台打通产销链路，依托阿里云、谷绿农品的数字农业云平台和互联网销售资源抢抓数字经济新风口，拓销路，促消费。

（四）以农为本，综合开发农业资源

建设田园综合体过程中要坚持以农为本、农商并重的综合发展思路，实现农村资源的集约整合利用。一是加强“田园＋农村”基础设施建设，形成道路畅通、排灌方便、用电便捷，先进农业设施和机械装备应用水平较高的基础设施体系。二是改进土地管理制度，在充分保障农户利益的基础上，综合土地质量、区域位置等因素对土地评等定级，根据等级确定土地流转价格标准，通过流转将农田资源推向农业企业、专业大户、农民专业合作社等新型种粮主体集中种植，有效提高耕地利用率，遏制粮食生产功能区非粮化。三是保留农村符号，不一味地追求现代化，要在保留农村符号的同时，融入现代化的元素，从而促进商业化的推广。

（五）多维视角，科学开展绩效评价

评价田园综合体必须充分考虑公益性和商业性的双重属性。以绿色生态指标、人文教育指标、产学研转化指标作为公益性的定量评判依据，衡量田园综合体绿化面积和“碳中和”能力、旅游文化品牌打造能力、与教育机构的合作交流能力。以吸引投资指标、带动村民增收指标、解决就业指标作为商业性的定量评判依据，对田园综合体吸引投资企业的数量和金额、村民年收入增长幅度、提供就业岗位数量和引进高质量人才（研究生、高级工程师等）数量进行评判。综合评价成果，提高基层政府执行的积极性。

让林下经济产业成为农户增收的绿色引擎

——基于浙西南龙泉市的调研分析

熊立春　吴伟光　熊伟　王凤婷　许骞骞*

“林下经济”是我国提出的新型森林经营生产活动，是践行“两山”理念，实现生态产品和服务价值，促进山区生态经济协调发展的新业态。广义的“林下经济”是指以林地资源和森林生态环境为依托发展起来的林下种植业、养殖业、采集业和森林旅游业。2012年7月，国务院办公厅专门颁布《关于加快林下经济发展的意见》，首次在国家层面提出了发展林下经济战略，为林下经济产业发展指明了方向。2019年12月新修订的《森林法》首次明确提出，“在不破坏生态环境并经过科学论证的前提下，可以合理利用公益林林地资源和森林景观资源，适度开展林下经济、森林旅游等”，以国家立法形式为林下经济产业发展提供了保障，对林下经济发展具有里程碑的意义。2020年7月农业农村部颁布了《全国乡村产业发展规划（2020—2025年）》，明确指出林下经济是乡村产业的重要组成部分。作为新兴绿色朝阳产业，林下经济产业既是践行“两山”理念推进林业高质量发展，也是实现山区农村“精准脱贫”与全面“乡村振兴”的重要途径。

相比较而言，浙西南地区与浙中和浙东地区经济发展存在一定差距，但森林资源丰富，气候湿润，如何依托得天独厚的林下资源优势，通过制度创新、管理创新、技术创新与模式创新，全力推进林下经济产业发展，提高产业发展质量，带动低收入农户实现增收，是当前社会经济发展中急需破解的时代命题。为此，浙江农林大学浙江省乡村振兴研究院课题组于2020年7月赴浙西龙泉市进行调研，通过农村参与式评估（PRA）和实地走访方式对林下经济职能部门、经营主体和农户进行深入访谈，以期得出林下经济促农增收的结论和建议，为政府部门制定相应产业和农户增收政策提供决策参考。

一、龙泉市林下经济产业概况

龙泉市位于浙江西南部，是浙江省林地面积最大、森林蓄积量最高以及林业与社会发展关联度最高的地区，全市林地面积398万亩，森林面积385万亩，森林覆盖率达

* 作者简介：熊立春，浙江农林大学浙江省乡村振兴研究院农林经济与乡村产业发展研究中心副主任、副教授；吴伟光，浙江农林大学浙江省乡村振兴研究院首席专家、教授；熊伟，龙泉市林业局；王凤婷，浙江农林大学浙江省乡村振兴研究院研究人员；许骞骞，浙江农林大学在读博士研究生。

84.3%，2019 年林业总产值为 106 亿元，农村居民可支配收入超 50%来自林业，是全国南方重点林区县（市）。近年来，龙泉市以提高林地利用率和林业综合经济效益为主要抓手，积极践行“两山”理念，实施“一亩山万元钱”林业发展模式，鼓励广大农户大力发展林下经济产业。截至 2019 年年底，全市累计建成林下经济种养殖基地以及森林康养基地 2.5 万亩，林下经济总产值约 28 亿元，带动农户就业约 5 万人次，参与林下经济生产、加工、宣传和销售人员约 4 万人，约实现 2 000 余户低收入农户家庭增收。

二、主要做法与成效

（一）政府重视程度高，配套政策有保障

龙泉市高度重视“全国集体林业综合改革试验示范区”和“浙江省林业股份合作制改革试点县”两项试点工作，积极盘活森林资源，通过发展林下经济产业，努力实现“活树变活钱，叶子变票子，青山变金山”。针对林业产业及林下经济产业发展先后颁布或实施《龙泉市木本油料产业提升项目实施方案》《龙泉市森林可持续经营规划》《关于深入贯彻“绿水青山就是金山银山”指导思想全面实施生态产业强市的意见》《龙泉市林下经济预期收益贷款管理办法》和《龙泉市森林康养产业发展总体规划》等一系列保障政策，支撑林下经济产业发展，增强林业富民能力。

（二）促进资本人才上山，稳固“一亩山万元钱”

“十三五”期间，龙泉市财政投入资金约 10 000 万元并引入工商资本约 5 000 万元，重点支持建设林下种植（中药材、灵芝）、林下养殖（禽类、畜类、蜜蜂、棘胸蛙）、林下产品加工（笋、香榧、油茶）和森林旅游（龙泉山景区、披云山景区、昴山景区、森林人家、森林康养）等基地建设，每年另安排 500 万元用于“林区人家”提升项目建设。此外，还积极吸收一批林业专业大学本科以上毕业生充实林业基本队伍，逐步提高林业队伍整体素质，为林业的快速健康发展提供人才保障。现已实现“一亩山万元钱”基地 31 170 亩，其中林下三叶青、铁皮石斛、灵芝的年亩均收入达 1.3 万元以上。

（三）创新林业金融服务，拓展农户融资渠道

2018 年 6 月《龙泉市林下经济预期收益贷款管理办法》正式出台。按照规定，经营主体可以其基地的林下经济预期收益申请贷款，真正实现了资产流动。该贷款全称为“育林贷-林下经济预期收益贷款”，具体贷款额度以经营主体的林下经济预期产出收益价值确定，并且贷款只能用于林下经济生产经营活动。调研样本林下经济经营主体“项永年灵芝谷”“龙泉市泉灵谷”和“龙泉双岙家庭农场”均有林下经济预期收益贷款的经历，及时解决了经营资金周转问题并降低了融资成本。

（四）培育新型经营主体，调动农户生产积极性

政府大力培育和扶持林业龙头企业、专业合作社、家庭林场等新型经营主体，鼓励

发展多种形式规模经营，构建集约化、专业化、组织化、社会化相结合的新型农业经营体系。积极引导林地向林业专业合作社、家庭林场、经营大户集聚，发展多种形式的适度规模经营。“十三五”期间，龙泉市培育新型经营生产主体70家，其中森林小镇5个、林业专业合作社10家、家庭农场30家、村级惠民担保合作社5家、森林人家20家，进一步壮大了林下经济经营力量，调动了农户生产积极性。

三、存在的主要问题

（一）林下经济定位不高，缺乏科学规划引领

林下经济产业是一种新的产业业态，尽管产业发展门槛较低、见效较快、综合效益较高，但要使林下经济成为地区未来发展的主导产业，不仅需要在政策、技术、人才、资金等方面给予必要的支持，更为重要的是，需要选准产业发展方向，避免因无序竞争和市场饱和，导致产业发展受阻。因此，制定科学可行的发展规划尤为重要，但实际访谈发现，龙泉市并没有针对林下经济产业制定系统、科学的发展规划，导致部分林下经济产品在发展过程中存在主观意志决策、缺乏科学论证、盲目跟风等现象，对未来林下经济产业持续健康发展埋下了隐患。

（二）技术服务支撑薄弱，生产经营标准化低

强有力的技术服务支撑，并实施严格的标准化生产，是支撑林下经济产业持续发展壮大并确保产品品质的前提。从实地调研情况来看，目前专门从事林下经济产业发展的相关研究机构及人员十分匮乏，对于林下经济优良品种选育、经营模式、产品储存与精深加工等关键环节的技术研发与技术储备不足，难以对林下经济产业可持续发展提供强有力的技术支撑。调研发现，目前绝大多数林下经济产品尚未制定较为规范的生产经营标准，经营者主要依靠经验实施种养殖方案，难以确保产品生产生态化及其品质优质化。

（三）经营主体实力不强，带动引领能力偏弱

经营主体是引领带动林下经济产业发展的关键力量。目前龙泉市相关林下经济龙头经营主体数量偏少，而且现有相关经营主体规模不大、实力不强，市场拓展能力有限，对当地林下经济产业发展的支撑与带动作用尚未真正发挥。据统计，调研样本中发展较好的三个经营主体，年利润均低于500万元，带动周边农户经营增收潜力不足。值得关注的是，多数林下经济经营主体负责人为农民，学习新知识、新理念以及营销模式的意识不足，参与市场竞争和抵御风险的能力较弱。尽管有企业参与林下经济经营，但参与程度还不高，并且大多面临土地、基础配套设施服务、高素质劳动力的不足、产品品牌不多和辐射带动能力不强等问题。

（四）配套生产设施不足，基地扩大规模受限

近年来龙泉市林区交通条件与农村通信网络的基础设施等已有明显改善，行政村公

路通达率与农村通信网络覆盖率已达100%，但与林下经济产业发展直接相关的基础设施依然薄弱，尤其是林下种养殖基地配套基础设施有待完善。主要表现为：产业道路、育种、晾晒、储藏、管理房、丁字桥等配套设施条件较为薄弱；生产设施用房建设土地审批门槛高；农村电商网络功能发挥尚不充分，林下经济基地扩大受限等，导致产业规模化经营程度不高，处于低收益甚至无收益的徘徊阶段。

四、主要对策与建议

（一）加强宣传提高认识，科学制定产业规划

加强宣传和引导，注重产业发展特色，形成“林下抓种植、林中抓养殖、林间搞旅游、林上搞采集”的立体林下经济发展格局，通过制定龙泉市林下经济产业总规划，按照林下经济一村一品，多镇一带，打造浙西林下经济产业发展中心、全国林下经济产业重点县。同时按照现有林下经济产业发展规模和条件，加强区域内林下经济示范基地和示范点建设，既要保障区域内林下经济产业的规模化和产业化，又要重视在区域内形成差异化产业发展格局，也就是打造特色林下经济产业的同时，还需要兼顾区域内地理标志产品、特色小众的林下经济产品发展，例如地方唯一性、仿野生等类型的产品，实现林下经济产品多元化，满足人民群众对林下经济产品多样化的需求，使之真正成为林区经济和农民增收的支撑产业。

（二）提升技术与服务支撑，实现生态化标准化经营

林下经济产业依托森林发展，产品生长周期长，需要一定技术积累与服务保障才能使产业得到持续发展。因此，应建立林下经济产业发展研究机构，通过“校地合作、校企合作”等方式，培育、壮大林下经济产业研究力量，为林下经济产品种苗选育、产品研发、生产技术提升、经营标准制定、产业链延伸和销售市场调研等全产业链发展提供帮扶，形成特色的林下经济技术支持体系。主动运用科技特派员制度，加强产业高层次技术人才下沉乡村，打通基层林下种养殖关键技术屏障，并对本地乡土专家进行培训指导。在此基础上，制定区域林下经济生态化发展标准体系，积极发展绿色生产方式和绿色产业，不仅需要从源头上控绿，还需要从生产的各个节点上调控，加大绿色生产和研发投入力度，打造具有绿色内涵的公共品牌产品，为社会提供更多的绿色林下产品。

（三）人才资本“两进两回”，壮大林下经营主体

林下经济产业发展离不开专业的产业人才和乡贤能人带动，通过实施“两进两回”（即青年人才回乡村，乡贤回乡村，技术、资金进乡村），搭建相关两回人员林下经济自主创业平台，培育新型农创客；出台相应优惠政策，激发返乡人员创业创新热情。尤其是要留得住人才，为相关人员做好配套服务和政策咨询工作，对创业创新典型进行褒奖，力争引进技术可用，资金投入有回报，实现两回人员能够真正扎根乡村做实林下经济产

业。在此基础上，积极培育专注林下经济经营主体，如家庭林场、林下经济合作社、精深加工企业等，通过新型经营主体的培育来带动周边农户就业与增收，让新型经营主体成为林下经济产业高质量发展的推力。

（四）完善配套基础设施，补齐产业发展短板

龙泉市发展林下经济产业依靠的是丰富的森林资源和适宜的气候条件。而自然条件虽较好，但适宜发展林下经济的部分林区位置较为偏远，交通不便，基础设施不足。为了破解上述难题，需加强交通、林下经济产业配套基础设施建设，例如加强种养殖基地产业路建设、完善种养殖基地林下产品采收加工基础设施设备配置。尤其要将已建成种养殖基地的相关产业路、棚舍、生产和管理用房等直接服务于林下经济发展的基础设施用地，直接纳入为林业生产服务的工程设施用地范围进行审批。此外，通达的物流运输体系、电子商务体系也亟须建立，从而与配套基础设施共同补齐林下经济产业发展的硬件短板，保障优质林下经济产品快速进入消费市场，降低生产、销售成本，增加产品收益，最终实现农民增收。

持续推进星创天地建设，助力三农创新创业发展

尹国俊　王依萍*

2022年中央1号文件强调扎实推进乡村发展，推动农村一二三产业融合发展，促进农民就地就近就业增收，重要抓手之一是推进返乡入乡创业园建设。“星创天地”作为“三农”创业机制的创新实践，是返乡入乡创业园建设的载体，为返乡入乡创业园的建设工作提供了良好的基础和指引。新时期，在全面推进乡村振兴的大背景下，星创天地面临着新挑战、新任务、新使命和新目标。因此，需要立足实际、固本培元、守正创新、积极推进。

一、浙江省星创天地建设成效

经过大量调研，我们发现，浙江省星创天地建设已取得一些积极成效，呈现出“发展快速化、模式差异化、服务多样化、效益普惠化”的发展特点。

1. 分级认定，梯队培育机制发展快速。浙江省建设成效显著的地区采用国家级、省级、市级、县级四级阶梯式管理办法，对星创天地进行分级备案和配套扶持，为星创天地的成长提供充足保障。据统计，截至2021年，浙江省国家级备案星创天地共计72家，省级备案星创天地共计144家。

2. 模式创新，差异化发展格局初步形成。浙江省星创天地建设工作结合各地实际情况不断探索创新，形成了三类专业化的“星创天地”。一是打造现代高效农业型。围绕产业链部署创新链，将技术创新落实到产业发展上，加强农业科技创新成果高质量供给，推动产业转型升级。“杭州安厨星创天地”以“电商平台（安厨供应链、安厨微店）＋冷链物流配送中心＋基地（合作社、农户）”模式为运行载体，在杭州范围内建立了统一的农产品溯源系统、农产品安全检测系统、仓配系统、冷链系统等农业电商相关的配套基础设施。二是延伸农业全产业链型。针对农业特色产业产前、中、后不同时期的特点和需求，强化产业链共性技术集成创新与成果转化，延伸加粗产业链，引导产业集聚发展。琅珂茶艺农创园专业从事茶叶种植、生产、销售和技术研发、培训与服务，通过与多家研究单位开展项目合作，在红茶加工工艺、茶叶病虫害防治等方面取得了突破性进展，延长了茶叶产业链，提高了茶叶附加值。三是发展农业新业态型。拓展农业多功能

* 作者简介：尹国俊，浙江农林大学浙江省乡村振兴研究院副院长、教授；王依萍，浙江农林大学在读研究生。

性，促进农业生产与休闲观光融合，打造三产交叉融合的新业态，轩辕黄贡星创天地围绕“缙云黄茶产业+民宿旅游”，按照“一核一区一带多点”产业布局，形成缙云黄茶创新示范、主题民宿、乡村旅游等多个产业集群组团式发展。

3. 资源充足，软硬件服务保质保量。在《建设“星创天地”的实施意见》指导下，大部分星创天地有配套服务设施和专业指导。截至2020年11月，“这一季”星创天地建有生产基地578亩，公共服务面积1 024平方米，创业工位52个，免费提供智能农业生产、灌溉等国内外先进装备，并与省内外多个专业科研院所开展深度合作。

4. 成果丰硕，经济社会效益初步显现。星创天地既为农村产业发展带来新技术、新理念、新思路，又培育了新专家、新能人、新队伍。崇福农创园星创天地累计引进35个大学生创业团队，带动130余名大学生就业。高山台地食用菌星创天地已培育食用菌企业4家。莲都雾耕科普小镇星创天地技术成果已达23项，雾耕技术实现海外推广。

二、浙江省星创天地发展存在的问题及原因

浙江省星创天地建设已取得阶段性胜利，国家级星创天地数量72家，在全国排名第十，占比为3.95%，在推动农民增收、农业发展、农村建设上发挥了重要作用。但是，与排名前两位的山东省（146家，占8%）、江苏省（108家，占5.92%）相去甚远，距离成为“三农”创新创业一站式开放性综合服务平台的目标要求，与其他先进地区相比还有差距，主要反映在星创天地的协同运行模式还不成熟，有待进一步提升。

（一）统筹协调缺位，资源配置效率低

浙江省创新创业的氛围较好，不乏各类支持政策，但由于部际之间缺乏统筹协调，政策合力未能充分彰显。一是专属管理机构设置不到位，大多地区星创天地的管理是由单一部门负责，缺少多部门的统筹协调，能提供的支持有限；二是财政支持形式陈旧，大多地区仍沿用“一次性”补助方式，未能建立动态联合扶持机制，存在套取、浪费财政资金的现象。

（二）功能定位笼统，同质化竞争严重

部分地区把星创天地等同于“戴帽子”，当成要政策、要资金、要项目的载体，未发挥其实质作用。一是管理者缺乏企业家思维，仅把星创天地当作“二房东”，不在挖掘特色服务上下功夫，对星创天地的功能、定位存在理解偏差。二是商业模式单一且同质化，大多以电商销售为主，一二三产业融合低效，多数星创天地仅提供简单的社交功能服务。

（三）专业化水平不高，孵化潜力受限

星创天地由运营主体“一肩挑”运作，产业链零散、技术链模糊，多数星创天地都不能对入驻项目提供专业性指导和商业实战的战略支撑，缺乏精准的产业对接、产品创

新协同机制和新型商业模式构建。长此以往，星创天地能力到达上限，创客群体、初创企业难以获得配套服务，成长空间受限，影响入驻—孵化—毕业机制的良性循环。

（四）生态系统不健全，盈利模式单一

浙江省创新创业资源丰富，但是各类科技要素在星创天地内部的共享仍然存在障碍。星创天地呈“点状”分布，企业分散，不成规模，未形成联盟之势，没有形成产业创新和商业运营的有效协同，缺乏产业链或产业生态体系的共享支持。此外，现行经济利益联结机制单一，以租金和提供技术购买等增值性服务为主，市场资本未被激活，缺乏持续稳定的盈利模式。

三、对策建议

星创天地是提升农业科技服务、推进农业农村现代化的重要抓手，必须回归到其本质属性来持续推进。作为发展现代农业的众创空间，星创天地本质是平台型企业，核心是聚集创新资源和创业要素，功能是孵化初创项目，立足点是技术与模式创新，落脚点是促进农村创新创业，边界是农村，业态是农业全产业链。应该秉承“资源生力，管理合力，品牌发力”的理念，按照“政策带动、资金推动、产业拉动、人才撬动”的原则，持续推进全省星创天地的发展。

（一）在“量”字上下功夫，完善星创天地基础支撑

依托浙江省“两进两回”工作，引导工商资本和专业人才下乡，鼓励乡贤以“星创天地”为舞台回乡创业。一是戏好要靠唱戏人，人才是第一资源。以需求为导向，进一步扩大星创天地技术服务和创业导师人才队伍。与科技特派员队伍、专家服务团、三区人才队伍等各类人才计划对接，同时注重与基层服务人才的互动，把产业带头人、新型职业农民和地方紧缺的生产经营、乡村旅游、企业营销等人才纳入星创天地专业服务团队，拓宽专业服务领域。二是资金是第一保障，“三农”创业存在巨大的资金需求。资金进入“星创天地”分为财政资金、金融资金、社会资本三大类型。多部门联合商讨创新财政资金支持力度和利用方式，以“资金跟着项目走”的“后补助、以奖代补”等形式给予星创天地资金支持。探索利用互联网金融、股权众筹融资等盘活金融资源和农村存量资产，加大对“星创天地”的支持。加强“星创天地”与投资人、创业投资机构的合作，吸引社会资本投资，拓展入驻者的融资渠道。加快形成财政优先保障、金融重点支撑、社会积极参与的多元投入格局。

（二）在“特”字上做文章，引领星创天地发展方向

对星创天地的发展来说，产业是支撑，特色是生命力，所以挖掘地方资源，细化产业规划，形成区域特色格局是星创天地建设的根基。以“一村一品、一镇一业”为抓手

促进特色农业优化发展，以孵化项目为节点衔接起星创天地完整的产业链，围绕产业链组建星创联盟，并配套出台支持同类产业孵化载体的相关政策。在此基础之上，依托政府相关部门对现有星创天地品牌进行分类界定，结合各地特色产业、优势资源，有针对性地进行品牌培育，着力扶强扶优。同时构建专业化品牌诊断体系，依托区域产业布局规划分析品牌竞争地位和服务能力，建立专家咨询服务机制，及时提出优化方案。

（三）在“质”字上求突破，提升星创天地特色服务

由于创建目标和运作手段的差异，星创天地存在不同运营模式，适合的创业公司也大相径庭。星创天地作为提供农业科技服务的落脚点，应以创业服务需求为导向探索细分运营模式，鼓励、引导建设地产思维型、活动聚合型、培训辅导型、媒体驱动型等多样化星创天地，并通过建设星创联盟来发挥合力，满足创客群体创业全过程的发展需求。此外，建立科学合理的绩效评价办法能为星创天地稳定发展提供可靠的数据参考，政策扶持应从认定扶持转向绩效评估，是目前工作的重中之重。星创天地运行绩效评价既要体现创新创业项目的培育过程与服务能力，还要反映项目孵化的结果，评价指标体系构建既要考虑商业性还要兼顾公益性。

（四）在“联”字上促融合，提升星创天地管理效率

完善星创天地工作管理格局是深入推进建设的基础。一是进一步落实星创天地部际协同工作机制，建立健全科技部门牵头，组织部门协调、相关部门协同推进的联席会议工作格局。二是以星创天地为试点，探索开展星创天地科技成果“三权”（使用权、处置权、收益权）下放工作，抓好科技成果转化收益分配，保障科技人才的合法收益，并鼓励结成人才技术入股、收益分成的经济利益共同体。三是依托浙江省科技创新云服务平台，将星创天地管理纳入“网上众创空间功能”板块统一管理，搭建集资讯发布、项目推介、技术服务、金融咨询、经验交流等多元化服务于一体的星创天地在线互动平台，实现人才、项目、技术、资金等要素双向、精准对接。

生态文明研究

关于浙江省碳市场建设的对策建议*

沈满洪**

党的十八大以来，中央多次强调碳排放权交易、提升碳汇能力和推进碳市场建设。省委书记袁家军在接受中国国际电视台记者采访时明确强调通过碳交易推进绿色低碳转型。为此，就浙江省碳市场建设提出如下对策建议：

一、充分认识碳市场在碳达峰、碳中和中的独特魅力

碳市场是碳排放权市场和碳汇市场的总称。碳市场具有一般资源与环境市场的共同特征：第一，碳市场建立在“总量控制”的基础之上。没有总量控制就不存在资源稀缺，就无法形成碳交易市场。第二，碳市场建立在边际减排成本差异性的基础之上。如果没有区域之间和企业之间边际减排成本的差异性，就不可能有区域之间和企业之间的碳交易。第三，碳市场区别于强制性政府干预的“胡萝卜”手段。碳市场给予区域和企业充分的选择权，从而以尽可能小的成本实现碳达峰和碳中和。

相对于用水权和排污权等资源与环境市场，碳市场还具有三个显著的特征：第一，碳市场并非是单一的碳排放权市场，而是碳排放权市场与碳汇市场的结合。在碳市场中，碳减排和碳增汇是同等重要的，增加一吨碳汇就等于减少一吨碳排放。在其他资源与环境市场中是只有基于“资源阈值”的资源产权市场与基于“环境阈值”的环境产权市场。第二，碳市场可以突破时间和空间限制，碳市场可以实施跨越时间和空间的交易。而用水权和排污权等均严格地受到时间和空间的约束，由于区域可开采资源量和可使用环境容量的限制，只能在特定的时间和空间中进行交易。第三，碳市场与资源产权市场和环境产权市场具有紧密的关联性。碳市场与用能权等资源市场紧密相关。碳减排是通过调整能源结构、提高能源效率、开发低碳能源等实现的。碳市场与排污权等环境市场紧密相关，在碳减排的同时往往能够实现二氧化硫等污染物的减排。

正是碳市场具有资源与环境市场共同的特征和独有的特征，才使得碳市场具有显著的优势：一是成本优势。实现碳达峰和碳中和目标并非不惜一切代价，而是要以尽可能低的成本实现给定的目标。对于正在向发达经济体水平迈进的浙江省，既不能只顾减排

---

* 本文获得浙江省主要领导批示。

** 作者简介：沈满洪，浙江农林大学党委书记、浙江农林大学浙江省乡村振兴研究院研究员、浙江农林大学生态文明研究院院长、教授。

不顾增长，又不能只顾增长不顾减排，而是要谋求“低碳”与“经济”的有机结合。这样的结合需要碳市场。二是选择优势。有选择的制度比别无选择的制度优越。在碳市场中，企业家可以在下列两种可能的方案中进行选择：通过技术创新实现碳减排而扩大生产；通过购买碳排放权或碳汇而扩大生产。对于理性选择的企业家，当然是哪一种方案的成本低就选择哪一种方案。三是统筹优势。政府可以统筹碳市场进行资源的优化配置。碳排放权需要在区域之间、行业之间和企业之间进行统筹，宜减则减，宜排则排；碳汇也需要在区域之间、企业之间进行统筹，宜买则买，宜卖则卖；碳权和碳汇更需要统筹，碳减排成本低就选择减排，增碳汇成本低就选择增碳汇。可见，碳市场是一个十分美妙的市场。

因此，碳市场建设具有显著的经济意义、生态意义和社会意义。一是“两山”转化的意义。践行绿水青山就是金山银山理念，就是要做到经济生态化和生态经济化。碳市场建设中，通过碳交易促进碳减排实现经济生态化，通过增碳汇及碳汇交易实现生态经济化。二是共同富裕的意义。我国从脱贫攻坚转向乡村振兴的进程中，如何解决农村居民的共同富裕是一个难题。碳市场建设可能有效解决这一难题。碳排放权和碳汇交易一体化的市场，可以使得乡村居民既获得“碳少排放”的生态补偿（以 R_1 表示），又获得“碳汇贡献”的生态收益（以 R_2 表示）。那么，R_1＝（全省人均碳排放量－某乡村人均碳排放量）×乡村人口×碳排放权价格。R_2＝（某乡村人均碳汇量－全省人均碳汇量）×乡村人口×碳排放权价格。三是共同体建设的意义。习近平总书记系统阐述了人类命运共同体、海洋命运共同体和人与自然命运共同体。碳市场的建设既有自然命运共同体建设的生态意义和经济意义，又有人类命运共同体建设的政治意义和社会意义，还有人与自然命运共同体建设的全球合作意义和解放全人类的共产主义意义。

二、主动谋划浙江省碳市场建设的对策建议

1. 积极争取国家碳配额。国际之间和区域之间的碳配额的分配具有相似性。关于碳减排的义务和责任，按照总量核算还是按照人均核算、按照未来增量核算还是按照历史存量核算、按照生产端核算还是按照消费端核算等在国际谈判中存在争议，同样会在国内省际间产生分歧。唯一的差别是：一国范围之内具有一个权威的中央政府，而国际之间只有协商性或协调性机构。但是，“共同但有区别的责任”原则恐怕同样适用于国内。在这一背景下，一方面浙江省应该明确表明率先实现碳达峰和碳中和的姿态，表达浙江省在碳减排和碳增汇中愿意为全国作出更大的贡献；另一方面要充分展示浙江省在工业化进程中为我国现代化建设所作出的巨大贡献，并说明浙江省的产业结构、能源结构的阶段性特征，尽可能争取更多的配额。

2. 省内科学分配碳配额。一旦额定浙江省的碳排放配额后，还需要在省内进行进一步的分配。碳配额的分配需要考虑碳排放基数、区域人口规模、工业化所处的阶段等诸多因素。总体上可以参照国家的碳配额分配方案，再根据全省的重大战略需求对

方案进行优化和调整。如果仅仅考虑人口的生存权和发展权，那么碳权也应该平等分配。据此，某个区域碳配额增减的数量是：$Y=$（全省人均碳排放量－某个区域人均碳排放量）×某个区域的人口数量。如果 $Y>0$，那么 Y 就是额增量；如果 $Y<0$，那么 Y 就是额减量。

3. 提升生态系统碳汇能力。时任省委书记习近平同志在“八八战略”中明确指出浙江具有生态优势。从碳达峰和碳中和的角度看，浙江省确实具有显著的生态优势。如何把生态优势进一步彰显出来？一要发挥“七分山”的优势，通过林相改造、林种调整、林木蓄积量提升等手段提高森林碳汇能力；二要发挥“一分水”的优势，保护好水域，保持合理的水域率，提高湿地碳汇能力；三要发挥“两分地”的优势，通过“减肥（化肥）减药（农药）”及施用有机肥等手段，改善土壤质量，提高土壤碳汇能力；四要发挥海洋优势，加强海洋环境保护，建设滨海生态带，提高海洋碳汇能力；五要发挥城市有机更新的优势，建设森林城市、保障城市绿化率、探索云城建设，提高城市碳汇能力。

4. 主动融入全国碳市场。截至 2018 年，全球正在实施和计划实施的碳定价行动体系已达 51 个，包括 25 个碳交易体系和 26 个碳税体系。这些体系覆盖的地区贡献着全球超过一半的 GDP 总量；涉及的 110 亿吨二氧化碳排放当量占全球温室气体排放总量的 20%。浙江省在生态补偿制度建设、水权交易制度建设、排污权交易机制建设等资源与环境市场建设方面均走在全国的前列，成为“主动赢家”。但是，在碳市场建设方面显得不够主动。2011 年，国家发展和改革委员会批准在北京、天津、上海、重庆、广东、湖北和深圳七个地区开展碳排放权交易试点，作为市场化改革走在最前列的浙江省竟然榜上无名。在碳达峰和碳中和的背景下，国家已经主动谋划碳市场建设，浙江省要变被动为主动，自觉参与碳市场，在参与中逐渐走到全国前列。碳市场建设需要明确如下几点：一是交易对象——碳排放权（碳排放配额指标）和碳汇；二是供给主体——碳减排企业和碳汇的提供者；三是需求主体——为了组织生产需要碳排放权或碳汇的企业；四是均衡价格——由市场机制决定。

5. 积极推进低碳能源革命。浙江省的能源结构类似于全国的能源结构，总体上化石能源占据绝对的比重，化石能源中煤炭又占据绝对的比重。没有低碳能源革命，就无法实现碳达峰和碳中和的目标。为此，需要采取三大措施：一要调整能源结构。要大幅度降低化石能源特别是煤炭能源的高碳能源占比，要大幅度提高低碳能源的占比。逐步实施煤炭能源退出计划，逐步实施化石能源快速递减的总量控制计划。二要提升能源效率。实施能源效率领跑者制度。每个行业中能源效率最高者就是领跑者，领跑者的效率就是全行业的标准。不断倒逼能源效率的提升。三要开发低碳能源。立足省内，积极开发风能、光能、水能、潮汐能、核能、氢能等各种低碳能源。面向省外，与光能和风能资源比较丰富的西北地区合作，开发低碳能源。

6. 大力实施低碳技术创新。碳达峰和碳中和还面临着一系列的困境：一是低碳不经济问题——降低了碳排放量但是提高了经济成本导致企业无利可图；二是低碳不节约问题——低碳化的进程建立在消耗更多其他资源的基础之上，而没有实现资源体系的节约；三是低碳不环保问题——低碳化进程还面临着单晶硅和多晶硅等相关材料二次污染的问题；四是低碳不安全问题——光伏发电和风力发电均面临着不稳定性的不安全性问题。解决这些问题的根本出路是实施低碳技术创新。要分门别类实施低碳技术创新计划，如碳减排技术创新、碳固定技术创新、碳利用技术创新、碳增汇技术创新、碳检测技术创新等。既要提高生态系统碳汇能力，还要提高生产系统碳汇能力，通过碳捕捉、碳封存、碳填埋减少碳的排放，通过碳的资源化利用减少碳的排放。低碳技术创新要坚持“无形之手”和“有形之手”的配套使用，以企业为主推进营利性的低碳技术创新，以政府为主推进公益性的低碳技术创新。

三、浙江省碳市场建设需要注意防范的几个问题

1. 防止“吉登斯悖论”效应。碳达峰和碳中和的国际合作进程中始终存在“吉登斯悖论”的侥幸心理，无法形成真正意义上的非零和博弈格局。“吉登斯悖论”是指：现代工业所制造的温室气体的排放正在引起地球的气候变暖，这对于未来而言有着潜在的灾难性后果。全球变暖带来的危险尽管看起来很可怕，但它们在日复一日的生活中不是有形的、直接的、可见的，因此许多人会袖手旁观，不会对它们有任何实际的举动。然而，坐等它们变得有形，变得严重，那时再去临时抱佛脚，显然是太迟了。在习近平总书记已经庄严宣告、中央已经做出明确部署的情况下，作为生态文明建设先行示范省的浙江省不应该有任何侥幸心理。要自觉践行绿水青山就是金山银山理念、自觉推动人与自然命运共同体的建设，在碳达峰、碳中和中绘就浙江蓝图，讲好浙江故事，做出浙江贡献。

2. 防止碳权的价格锁定。浙江省是排污权有偿使用和交易试点省份。但是，在排污权市场建设中出现了两种怪现象：一是“有场无市”——拥有众多的排污权交易中心但是缺乏真正的排污权交易。其实，排污权交易中心不需要每个省份、每个市、每个县都设立，而一体化的市场倒是真正需要建设的。二是“有价无市”——政府按照总量控制法控制排污权的数量且按照边际成本定价法确定了排污权的价格，从而锁定了排污权。其实，政府只需要管控排污权市场的“数量”，“价格”则应该由市场机制决定。“数量”与“价格”的双锁定必然导致市场的死亡。碳市场建设要吸取这一教训。无论是碳达峰还是碳中和，政府需要管控的是数量，市场机制则可以巧妙地配置好资源。

3. 防止碳汇的低价出口。随着《巴黎协定》逐渐付诸实施，跨国企业尤其是跨国能源企业和能耗企业，正在全球范围内购买碳汇资源。从碳汇市场“从无到有”的角度看，这是一件好事情，让碳汇供给者（主要是农民）可以获取以往无法获取的收益；但是，从碳汇市场“从外到内”的角度看，这是一件坏事情，由于我国及其浙江省自身需要足够的碳汇来中和碳排放量，因此，一定要珍惜碳汇资源。特别需要防止的是低价出口碳汇资源。因此，应该把碳汇资源纳入“管制性物品”的范畴。

4. 防止碳市场的简单割裂。碳市场是一个庞大的市场。由于碳市场与其他资源与环境要素市场具有高度的相似性，因此，没有必要将碳市场与水市场、能源市场、排污权市场割裂开来，而要努力谋求一体化建设。这样，可以大大节约监测成本、交易成本和管理成本。同时，碳市场具有普通商品和要素所具有的基本特征，因此，要反对市场分割，在全省范围乃至全国范围内推进一体化建设，让市场机制在碳资源配置中发挥决定性作用。

加快推进浙江省林业碳汇发展率先实现碳中和的政策建议*

沈月琴　吴伟光　杨虹　许骞骞**

研究表明，林业增汇是实现碳中和目标最为经济有效、潜力最大的举措与途径。林业增汇减排成本仅为工业减排成本的1/5，且对经济社会发展的直接负面效应很小，并具生态扶贫等多重效益。

一、浙江省发展林业碳汇具有扎实的基础和显著的优势

1. 林业碳汇发展潜力巨大。浙江山地面积占70%，森林覆盖率达61.15%，是我国南方集体林区重要的林业发达省份。据测算，目前森林植被总碳储量达2.81亿吨，2019年吸收CO_2为0.73亿吨，森林年吸收CO_2约占同期温室气体排放总量的15%。浙江省自然条件优越，森林碳汇增长速度快，年均增长达5%，林业碳汇发展潜力巨大。

2. 林业碳汇技术支撑力量强实践基础好。浙江省林业碳汇技术研发水平与林业碳汇实践走在全国前列。在技术研发方面，全国2个林业碳汇方法学（共4个）由浙江高校主持完成，成果获国家科技进步奖二等奖，成为全国林业碳汇研究高地。在碳汇实践方面，2008年杭州临安建立全球首个毛竹碳汇项目，成为全球首个竹林碳汇试验示范区，随后陆续建立了20多个林业碳汇项目。2011年华东林业产权交易所建立了全国首个林业碳汇交易试点平台；2014年全国首个农户森林经营碳汇交易体系在临安开发成功；2016年二十国集团领导人（G20）杭州峰会“碳中和林”项目在临安实施。

3. 林业碳汇潜在需求大。我国正在推进全国统一碳市场体系建设，明确提出要优先将林业碳汇纳入全国统一碳市场体系，并允许控排企业可以通过购买林业碳汇用于抵消排放。根据《全国碳排放权交易管理办法（试行）》（征求意见稿），目前允许5%抵消比例，按照我国目前温室气体排放总量100亿吨计算，未来控排企业对碳汇的理论需求量为5亿吨；如果允许抵消比例提高至10%，碳汇需求量将达到10亿吨以上。

---

* 本文获得浙江省主要领导批示。

** 作者简介：沈月琴，浙江农林大学副校长、浙江农林大学浙江省乡村振兴研究院院长、教授；吴伟光，浙江农林大学浙江省乡村振兴研究院首席专家、教授；杨虹、许骞骞，浙江农林大学在读博士研究生。

二、浙江省林业碳汇发展面临的问题与挑战

虽然林业碳汇发展已经得到政府与社会各界广泛重视，但无论是从行业发展本身来看，还是从浙江省自身情况来看，依然存在诸多问题与挑战。

1. 社会对林业碳汇的认知不足。林业碳汇包括森林经营增汇、林产品固碳增汇和林产品使用替代减排效应三大碳库，但目前社会对林业碳汇认知普遍不足，容易导致决策冲动或失误。表现在：①仅了解森林经营增汇，对林产品固碳增汇与林产品使用替代减排效应的认识有限，严重低估了林业碳汇整体综合潜力。②往往将林业固碳（即碳储量）等同于可以交易碳汇（就目前而言，可交易碳汇是指需经严格程序审核认定后的碳增量，并非所有林业碳汇均可入市交易）。

2. 现行林业政策与林业增汇目标之间存在偏差。现有林业政策主要是基于木材生产、经济收益、非碳生态效益等目标而制定的，与未来碳中和目标追求林业碳汇增量最大化之间存有偏差。在森林经营与保护方面，现有政策要么过于注重经济效益，忽略了森林碳汇的功能与效益；要么过于强调严格保护，忽视了森林作为可更新资源的本质属性。事实上，要使其在较长周期内实现碳汇持续增加，需要定期采伐更新，鼓励竹木制品利用，以增加森林经营碳汇与竹木制品碳库。

3. 森林结构及质量有待优化与提高。与南方集体林区福建、江西、广东等兄弟省份相比，浙江省森林质量总体偏低，森林结构有待优化。表现在：①中幼龄比例大，占比达 68%；②单位面积蓄积量偏低，仅为 57 立方米/公顷，低于全国平均水平 86 立方米/公顷，仅为世界平均水平 110 立方米/公顷的 1/2。

4. 与兄弟省份相比，浙江省碳排放交易市场建设明显滞后。在碳排放市场体系建设与探索实践方面，滞后于广东、福建等兄弟省。2013 年我国陆续启动了 7 个碳排放交易试点市场建设，广东与深圳被纳入试点范围；福建于 2016 年开始参照试点市场规则，建立了福建省内碳排放交易体系。兄弟省份通过上述举措，在碳市场建设方面已经积累了不少经验，获得了先机。

三、加快推进浙江省林业碳汇发展率先实现碳中和的政策建议

（一）顶层设计：尽快制定浙江省“碳中和”行动方案

“碳达峰、碳中和”是我国未来经济社会转型发展的重大战略举措。浙江省理应走在全国前列，尽早与世界接轨。建议将 2050 年作为全省碳中和时间点，一方面比全国提前了 10 年，体现了先行性；另一方面与世界主要发达经济体“碳中和”时间基本保持同步，可以展示“重要窗口”形象。具体而言，可将“碳达峰、碳中和”议题纳入省委全面深化改革领导小组，由经济体制改革专项小组牵头组织与协调，会同相关职能部门尽快制定全省“碳达峰、碳中和”行动具体方案。

（二）聚焦重点：尽快编制浙江林业碳汇发展规划

林业增汇是碳达峰后实现“碳中和”最为经济可行、最具发展潜力的途径。因此，要尽早谋划，聚焦重点，编制林业碳汇发展规划。具体可由省自然资源厅（省林业局）牵头，编制《浙江省林业碳汇中长期发展规划（2021—2050）》，就林业碳汇发展战略目标、指导思想、重点任务、技术支撑、资金保障、政策支持等进行前瞻性、系统性安排。同时，结合生态保护与修复工程等大力增加森林碳汇试点，挖掘固碳增汇潜力，提高生态系统增汇能力。

（三）政策调整：建立“碳中和”导向林业增汇政策支持体系

为了最大限度地提高森林经营增汇、竹木制品碳库增汇、竹木制品替代减排效应等三大碳库综合效应，需根据碳中和战略目标，建立适应碳中和导向的林业增汇政策支持体系。可先行制定“森林经营增汇技术规程与支持政策”和“关于鼓励竹木结构房屋建设与推广使用政策”。研究简化森林碳汇交易程序，将林业碳汇交易与生态产品价值实现有机结合，凸显浙江省加快发展的生态优势，真正建立起山区农民持续增收的市场化机制，以实现共同富裕。

（四）市场激励：率先建立专业化碳汇交易机构

在加快建设全国统一碳市场过程中，允许鼓励各地探索建立区域性、专业性碳市场，以期形成多层次、多类型中国特色的碳市场体系。浙江省应充分发挥在碳汇技术研发与专业人才方面的优势，按照以特色打造领先的思路，率先建立面向全国、以森林碳汇为主要对象的专业化“全国碳汇交易与服务中心”或者“碳中和”机构，将其打造成为全国碳汇交易中心和碳汇交易技术咨询与服务高地，弥补我国现行碳交易市场中碳汇交易的“短板”，推动全国森林碳汇交易发展。提供交易试点平台，为控制企业与金融机构提供各类碳汇金融创新服务，为机构和个人履行社会责任提供系统的碳中和服务，为碳汇市场研究和建设、碳汇交易政策和机制研究等提供智力支持。在此基础上，在主要林区丽水市等地建立分中心或碳中和之都。

（五）技术支撑：加强林业增汇人才与技术支撑体系建设

基于浙江省现有林业增汇技术研发与人才优势，进一步加强对林业增汇技术研发的支持与碳汇领域专业人才的培养。一是进一步加强林业增汇技术研究，率先建立林业增汇技术标准体系；二是进一步加强碳汇交易政策与机制研究，为碳市场建设与高效运行提供理论支撑与决策参考；三是要设立碳中和、碳达峰以及林业碳汇领域若干重点专项。

关于浙江省率先实现碳达峰和碳中和的对策建议*

沈满洪**

习近平总书记在第七十五届联合国大会一般性辩论上庄严承诺："中国将提高国家自主贡献力量，采取更加有力的政策和措施，二氧化碳排放力争于2030年前达到峰值，努力争取2060年前实现碳中和。"党的十九届五中全会《中共中央关于制定国民经济和社会发展第十四个五年规划和二〇三五年远景目标的建议》明确提出："降低碳排放强度，支持有条件的地方率先达到碳排放峰值，制定二〇三〇年前碳排放达峰行动方案。"按照省委书记袁家军提出的"忠实践行'八八战略'，奋力打造'重要窗口'"的要求，浙江省应该尽快回答"确定怎么样的目标""采取怎么样的措施"等问题。本文在主持"低碳发展研究"并主编《低碳发展论丛》的基础上，提出如下对策建议：

一、按照"重要窗口"要求，确立率先实现碳达峰和碳中和的目标体系

根据十九届五中全会精神，2020年，我国人均国内生产总值（GDP）可以达到1万美元；到2035年，我国人均国内生产总值达到中等发达国家水平。根据省委十四届八次会议精神，2020年，浙江省人均生产总值可以达到1.6万美元，到2035年，人均生产总值力争达到发达经济体水平。浙江省的经济发展水平无论是过去还是未来都是走在全国前列，而且越来越接近发达经济体水平。浙江省应该属于"有条件的地方"，至少具备率先实现碳达峰和碳中和的经济基础。

根据1990—2019年30年的统计，美国长期处于碳排放的第一号大国，但是碳排放量基本稳定在5 000万吨/年左右；欧盟则呈现稳定小幅下降趋势，从5 200万吨/年下降到4 100万吨/年；日本基本稳定在1 200万吨/年的水平。中国则从2002年开始快速递增，2005年首次超过美国成为世界第一排放大国，2019年碳排放量达到美国的一倍。可见，发达经济体碳排放或者已经达峰并趋于稳定，或者碳排放呈现递减趋势。而且，发达经

* 本文获得浙江省主要领导批示。

** 作者简介：沈满洪，浙江农林大学党委书记、浙江农林大学浙江省乡村振兴研究院研究员、浙江农林大学生态文明研究院院长、教授。

济体实现碳中和的目标大多确定在 2050 年。按照“重要窗口”的要求，浙江省应该对标发达国家。

根据上述依据，浙江省碳达峰的时间可以考虑比全国略提前几年，例如确定为 2027 年。这是因为，浙江省不提前无法向中央和社会交代，提前太多又担忧工作推进措手不及，也担心是否具有足够的经济承受能力。浙江省碳中和的时间可以与发达经济体保持一致，也就是 2050 年。这样，一方面比全国碳中和时间提前了 10 年，另一方面与发达经济体保持一致，已经可以展示“重要窗口”的形象了。当然，准确时间的确定需要一般均衡方法进行相对精准的测算，从而实现“低碳”与“经济”的协调。

二、遵循系统思维方法，协调构建“减碳源、增碳汇、建市场、促交易”的工作体系

1. 实施碳排放总量控制的行动计划和路线图。一个国家或区域的碳排放一般经历下列轨迹：随着工业化进程的推进，碳排放量先是按照递增的速度递增，然后是按照递减的速度递增并达到峰值，随着工业化向后工业化阶段转变及低碳发展的推进，碳排放量呈现逐渐递减的趋势，直至实现碳中和。如图 1 所示，横轴表示时间，纵轴表示碳排放量，T_0表示基期，T_1、T_2 和 T_3分别表示碳排放量从递增的速度递增转向递减的速度递增的拐点、碳达峰时间和碳中和时间。我国宣布的 T_2 和 T_3分别是 2030 年和 2060 年，建议浙江省 T_2 和 T_3分别是 2027 年和 2050 年。

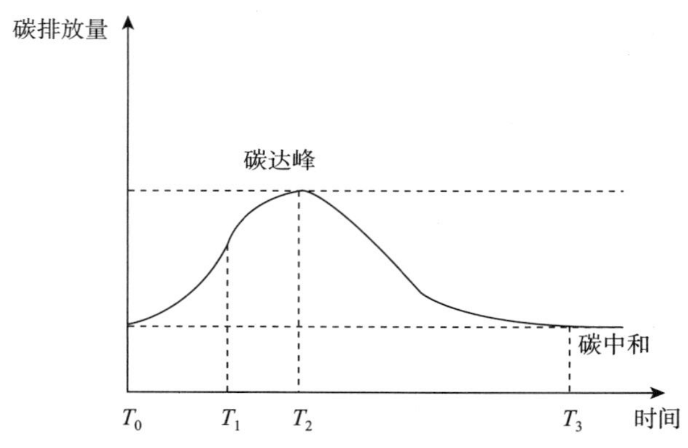

图 1　碳排放和碳减排的演进轨迹

T_0到 T_1 时期，属于未减排时期。浙江省已经跨过了这个时期。T_1 到 T_2 时期，属于强度减排时期。目前浙江省正处于 T_1 到 T_2 之间，需要继续强度减排直至达峰。T_2 到 T_3时期，属于绝对减排时期。达峰以后，实施更加严格的总量递减前提下的总量控制制度，同时重视碳汇的培育和增值，直至实现碳中和。T_3以后的时期，属于碳中和时期。一方面依靠碳排放量的调控，另一方面依靠碳汇的调控，使得碳源正好等于碳汇。

2. 实施重点产业重点企业碳减排行动计划。碳减排，虽然也要强调第一产业、第三

产业和消费领域的减排和低碳发展，但重点是第二产业。电力行业、钢铁行业、建材行业、石化行业等少数行业占据碳排放量的50%左右，以煤炭为主的电力行业责任尤其重大。因此，重点是实施重点行业和重点企业的碳减排计划。为此，需要制定基于碳排放基数的重点行业和重点企业碳减排的“减排行业清单”“减排企业清单”和“减排责任分担”。

3. 实施碳汇能力提升行动计划。增加碳汇和控制碳源是一个问题的两个方面，具有同等重要的意义。碳汇包括森林碳汇、草地碳汇、耕地碳汇、海洋碳汇和工程碳汇等。对于浙江省而言，草地碳汇忽略不计，耕地碳汇有所下降，海洋碳汇基本稳定，依靠碳捕获和碳填埋的工程碳汇遥不可及，因此，迄今主要依靠森林碳汇。为此，要进一步彰显“七分山”的生态优势，通过林种改造、林木蓄积量的提升以及城市森林的建设等努力提高碳汇能力。同时，由于浙江省海岸线长，建设滨海湿地的条件好，因此，可以在生态海岸带建设中加大滨海湿地建设。

4. 实施碳排放权和碳汇一体化的交易机制。碳市场可能是与黄金市场、石油市场、期货市场相提并论的市场，要予以高度重视。碳市场的建设既是碳排放权的交易，又是碳汇的交易。在碳排放权交易中，需要新建或扩产的企业是碳排放权的需求者，依靠技术进步实现碳减排的企业是碳排放权的供给者；在碳汇交易中，需要新建或扩产的企业是碳汇的需求者，碳汇的培育和建设者是碳汇的供给者。由于碳排放权归口生态环境部门管理，森林碳汇主要归口自然资源部门管理，因此，要防止将碳排放权交易市场和碳汇交易市场分割开来的做法，浙江省要合二为一，对碳市场进行一体化的建设。

三、发挥体制制度优势，落实碳达峰和碳中和各项工作顺利推进的保障体系

1. 成立碳达峰和碳中和工作专班。碳达峰和碳中和是一项系统工程。既然是系统工程就不能单打独斗。由于政府部门是分工负责的，在实现碳达峰和碳中和的进程中，涉及发展改革部门、生态环境部门、自然资源部门、经济信息部门、财政税收部门、科学技术部门等一系列部门通力合作，因此，建议成立碳达峰和碳中和工作专班，赋予专班足够的职责。专班的职责是：制定碳达峰和碳中和的行动计划、制定并分配碳排放定额、制定并监督落实碳减排的行动方案、制定并监督落实碳汇能力的提升方案、制定并实施碳市场建设的地方性法规和规章制度、组织碳达峰和碳中和的考核考评等。

2. 建立碳排放和碳汇检测体系。碳排放量多大、碳减排多少、碳汇存量多大、碳汇增量多少等是实现碳达峰和碳中和的基础性数据。为此，需要建设碳排放检测体系和碳汇检测体系。为了节省资源投入，检测体系的建设要与空气检测、森林检测等相互衔接，不搞重复建设。碳达峰和碳中和工作专班要加强统筹协调，达到信息准确、数据共享的检测效果。

3. 建设一体化资源环境产权交易平台。党的十八大就提出“积极开展节能量、碳排

放权、排污权、水权交易试点”，党的十九届五中全会再次强调“全面实行排污许可制，推进排污权、用能权、用水权、碳排放权市场化交易”。这说明：一方面，推进自然资源、环境资源、气候资源产权制度改革和市场化交易是中央的坚定决心；另一方面，自然资源、环境资源、气候资源是“你中有我、我中有你”的，因此，构建交易平台要有系统观念和系统思维。不能按照“井水不犯河水”的老思路分别建设排污权交易中心、用水权交易中心、用能权交易中心、碳排放权交易中心等，而是应该建设一体化的资源环境产权交易中心，把用水权、用海权、用能权等自然资源产权，排污权等环境资源产权，碳排放权、碳汇等气候资源产权全部纳入其中。交易平台是一体化的，多层次的；交易平台是统一的，终端是分散的；交易平台是共享的，监管责任是分层分部门的。这样，就可以大幅度降低交易成本，实现规模经济效果。

4. 推动碳减排和增碳汇的科技创新。碳减排、增碳汇、建市场、促交易，必须依靠科技创新和制度创新。从自然科学的角度，需要研究一系列问题：如何按照“亩均论英雄”的思路提高碳资源生产率、如何提高每亩林地的碳汇功能、如何推进碳资源的循环利用、如何建立碳排放的检测体系、如何建设碳汇的检测体系等。从社会科学的角度，也需要研究一系列问题：如何构建碳市场交易规则、如何降低碳市场交易成本、如何创新碳市场财税政策、如何建设碳市场监管体系等。

5. 推进碳市场建设的整体智治。有市场，就会有交易；有市场，就会有风险。为了激活市场，就要打破“信息孤岛”，实现数据共享；为了防止风险，就要实现建设“碳脑”，实现整体智治。要通过资源环境产权交易平台的系统支持，优化各个环节，防止各种风险，促进市场健康发展。

四、坚持目标导向原则，建立和实施激励与约束并举的考核评价体系

1. 面向区域、行业和企业的碳减排考核。根据分配给各个区域、行业和企业的碳排放定额及其碳排放检测结果进行考核评价。对于碳减排结果领先的要予以表扬乃至奖励，并推广其经验；对于碳减排结果落后的要予以批评乃至惩戒，并采取强制措施。

2. 面向区域和微观经济主体的碳汇增减考核。根据碳汇检测所获取的结果，对区域和微观经济主体（如林场）的碳汇“存量”和“增量”进行考核评价，并得出碳汇“净增量”。据此核定允许出售的碳汇增量，从而实现其“绿水青山”的经济价值。

3. 面向职能部门的碳市场监管工作考核。碳市场是在政府部门的监管下碳权和碳汇的需求者和供给者之间的交换关系的集合。因此，政府监管是十分重要的一个环节。政府监管对象主要包括：对区域、行业和企业的碳源的增加与减少；对区域、行业和企业的碳权与碳汇的买进和卖出。

4. 面向本级政府的碳达峰状况的动态考核。所有的考核机制均是围绕“碳达峰”“碳中和”两个主题展开的。近期重点是“碳达峰”。因此，要根据“减碳增汇”的行动计

划，考核每一个阶段的“碳达峰”进展程度。并据此进行“相机抉择”的政策力度的调控：进展慢了，要加大碳减排力度；进展快了，要考虑经济承受能力。

五、按照系统分层原则，加强碳达峰和碳中和进程中的相互衔接工作

1. 加强与我国碳排放交易试点地区的交流。2011 年，国家发改委批准了北京、上海、天津、重庆、深圳、广东、湖北共“五市两省”开展碳排放交易试点。试点的关键环节是碳排放定额的确定与分配、碳排放权交易机制的构建。各地的试点做法、模式、进度、政策、成效各不相同。浙江省在推进碳达峰和碳中和的工作中可以借鉴其中的成功经验、汲取失败教训。

2. 加强与国家碳达峰和碳中和计划的对接。国家已经确定到 2030 年实现碳达峰、到 2060 年实现碳中和的目标。下一个阶段将是紧锣密鼓推进相关行动计划、设计实现路径、制定相关法律法规的时期，浙江省要加强与国家有关部门的对接，既要把浙江的声音及时上传，又要把国家的意图及时下达。同时，争取先行者有政策优势，避免先行者反而“吃亏”的现象。

3. 加强与其他国家碳达峰和碳中和行动计划的对接。截至 2020 年 10 月，世界 197 个国家中已经有 126 个国家提出了本世纪碳中和的目标，除了个别国家碳汇资源特别丰富已经实现碳中和外，其他国家碳中和实现目标年从 2035 年到 2060 年不等，如芬兰为 2035 年，奥地利和冰岛为 2040 年，瑞典为 2045 年，德国、英国、法国、韩国、加拿大等国家为 2050 年。关于碳达峰问题，相当一部分国家已经达峰甚至开始下降。因此，浙江省可以借鉴其他国家的经验教训并加强交流合作。

关于浙江省率先实现碳达峰的预测及方案选择*

钱志权　吴伟光　顾光同　沈满洪**

作为“绿水青山就是金山银山”理念的发源地和先行地，浙江省力争在全国率先实现碳达峰，不仅可以彰显浙江省“三个地”的政治责任和使命担当，也可以为全省率先实现碳中和赢得战略主动。当然，根据国际经验，急于实现碳达峰也会对经济发展造成较大的负面影响。因此，浙江省应加快谋划并出台实施率先碳达峰行动方案，建成生态文明制度“重要窗口”，为全国碳达峰提供浙江方案和浙江模式，具有重大的现实意义和深远的战略意义。

一、浙江省率先实现碳达峰的现实基础

浙江省具备率先实现碳达峰的低碳基础。对联合国政府间气候变化专门委员会（IPCC）全口径的能源活动、工业生产过程、废弃物处理、农业生产过程、林业与土地利用等五大领域 CO_2、CH_4 和 N_2O 等温室气体排放量（以下简称碳排放）核算结果表明，2020 年浙江省碳排放总量为 77 619 万吨。其中，电力终端能源排放占比 38.3%，比全国高 12.8%；非化石能源占比达 20.6%，比全国高 5.6%。产品能效水平达到世界先进水平，能源利用效率居全国前列。2020 年浙江省单位 GDP 碳排放强度比 2005 年下降 53.4%，超额完成哥本哈根减排目标。

浙江省具备率先实现碳达峰的经济基础。浙江省以占全国 1%的国土面积，聚集了全国 4.2%的人口、6.4%的经济总量，但碳排放仅占全国 5.5%。2020 年全省人均 GDP 为 1.59 万美元，已跨越国际公认的 1 万美元社会公众生态意识明显增强的重要转折点。数字经济领跑全国，2020 年 GDP 占比为 43%，高出全国 6.8%。2020 年，浙江省第三产业占比为 55.8%，对 GDP 增长贡献率高达 58.9%，成为支撑低碳发展的重要增长极。

浙江省具备率先实现碳达峰的制度基础。历届省委、省政府高度重视碳减排工作，早在 2007 年就成立了应对气候变化及节能减排工作领导小组，2019 年调整为应对气候变化及节

---

* 本文获得浙江省主要领导批示。

** 作者简介：钱志权，浙江农林大学浙江省乡村振兴研究院研究人员、副教授；吴伟光，浙江农林大学浙江省乡村振兴研究院首席专家、教授；顾光同，浙江农林大学浙江省乡村振兴研究院研究人员、副教授；沈满洪，浙江农林大学党委书记、浙江农林大学浙江省乡村振兴研究院研究员、浙江农林大学生态文明研究院院长、教授。

能减排工作联席会议。出台《浙江省应对气候变化规划》以及多项地方法规，形成了高耗能项目缓批限批、节能失信、绿色财政奖惩、能源“双控”等创新制度。2017 年在全国率先开展“区域能评+区块能耗标准”改革，2018 年被列为 4 个用能权改革试点省份之一，交易规模领跑其他试点省份。此外，浙江省电力、天然气、石油等领域市场化改革全国领先。

二、浙江省碳达峰的时点与峰值预测

根据浙江省经济社会发展趋势和发达国家发展经验，对全省 2021—2035 年经济高速（5.6%）、中速（5.1%）、低速（4.6%）发展情形下的常住人口、城市化率等进行研判。将产业结构调整、能源结构调整、技术减排和生活减排等四种政策（以下简称四种政策）强度划分为强力和温和两种类型，运用情景模拟方法预测了 48 种情形下碳达峰时点和峰值。结果表明，浙江省碳达峰时点从 2024—2033 年不等，峰值为 75 579 万～95 350 万吨。虽然未来浙江省碳排放总量仍将较大幅度上升，但若政策力度得当，不仅可以率先实现碳达峰，同时可将峰值控制在较低水平，为率先碳中和赢得战略主动。

在经济高速发展情形下，2035 年全省城市化率达到 85.4%，常住人口 2030 年达到峰值 6 091 万人，2035 年缓慢降至 6 085 万人。对这一情形下 16 种政策组合的情景模拟表明，各有 2 种组合可于 2026 年、2028 年实现碳达峰，5 种组合可于 2029 年实现碳达峰，4 种组合可于 2030 年实现碳达峰，其余 3 种组合则需到 2031、2033 年才能实现碳达峰。若四种政策均为温和型组合，浙江省最晚于 2033 年达峰，峰值为 95 350 万吨，将比 2020 年上升 17 731 万吨（图 1）。若四种政策均采用强力型，则可于 2026 年达峰，峰值为80 635万吨。四种政策强力型变成温和型，峰值可减少 14 715 万吨，约占全省 2020 年碳排放量 19.0%。

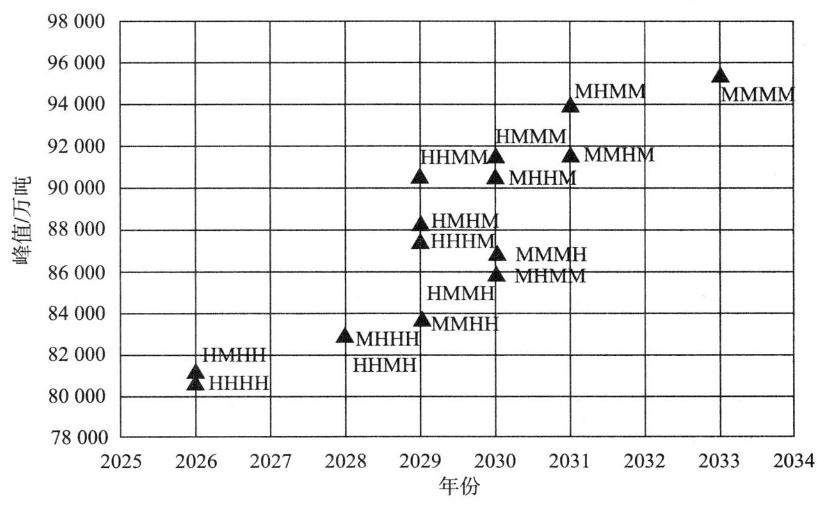

图 1　经济高速发展情形下各种政策组合的碳排放峰值及达峰时间点预测结果

注：四位字母组合依次代表产业结构调整、能源结构调整、技术减排和生活减排四种政策的不同强度，H 代表强力型政策，M 代表温和型政策（下同）

在经济中速发展情形下，2035 年城市化率达到 82.3%，常住人口 2030 年达到峰值 6 039万人，2035 年缓慢降至 6 029 万人。对这一情形下 16 种政策组合的情景模拟表明，有 6 种组合可于 2026 年实现碳达峰、7 种组合可在 2029 年实现碳达峰、各有 1 种组合可分别于 2027 年、2028 年、2030 年实现碳达峰。若四种政策均为温和型，浙江省最晚于 2030 年达峰，峰值为 90 484 万吨，比 2020 年上升 12 865 万吨。若四种政策均为强力型，则可于 2026 年达峰，峰值为 78 000 万吨（图 2）。四种政策强力型变成温和型，峰值可减少 12 484 万吨，约占全省 2020 年碳排放量 16.1%。

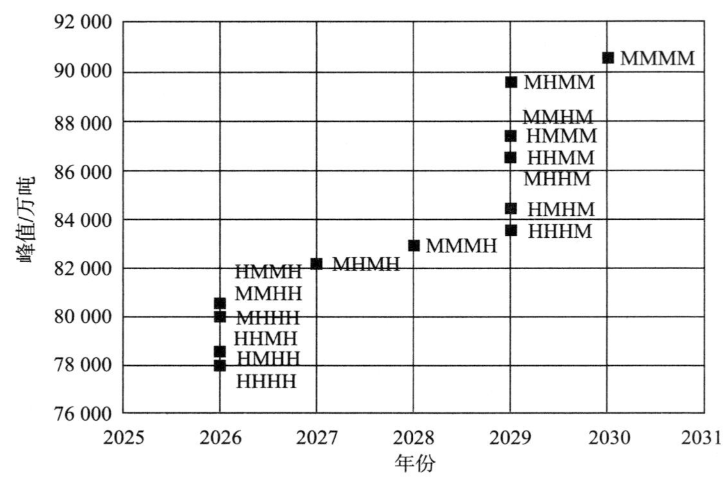

图 2 经济中速发展情形下各种政策组合的碳排放峰值及达峰时间点预测结果

在经济低速发展情形下，2035 年城市化率达到 79.4%，常住人口 2030 年达到峰值 5 987万人，2035 年缓慢降至 5 974 万人。对这一情形下 16 种政策组合的情景模拟表明，有 7 种组合可于 2026 年实现碳达峰，5 种组合可于 2029 年实现碳达峰，各有 1 种组合可分别于 2024 年、2025 年、2027 年、2028 年实现碳达峰。若四种政策均为温和型，浙江省最晚于 2029 年碳达峰，峰值为 86 418 万吨，比 2020 年上升 8 799 万吨。若四种政策均采用强力型，则可于 2024 年达峰，峰值为 75 579 万吨（图 3）。四种政策强力型变成温和型，峰值可减少 10 839 万吨，约占全省 2020 年碳排放量 14.0%。

三、不同发展情形下浙江省率先实现碳达峰的方案比较

在经济高速发展情形下，若要 2027 年率先实现碳达峰，浙江省需采取四种政策强力型组合。即 2027 年碳排放强度比 2005 年下降 65%，非化石能源占比需提高至 26.4%，年均提高 0.8%；第二产业占比降至 32.4%，年均下降 1.25%。根据国际经验，浙江省“十四五”“十五五”期间人均生活碳排放仍有大幅度上升趋势。为率先实现碳达峰，人均生活碳排放增幅小于 21.1%，年均增幅小于 2.8%。这一方案的碳峰值为 80 635 万吨。

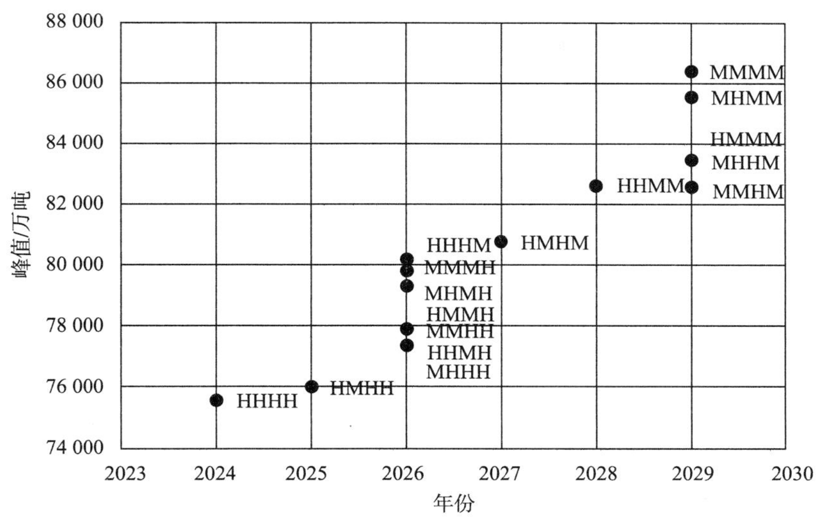

图 3 经济低速发展情形下各种政策组合的碳排放峰值及达峰时间点预测结果

在经济中速发展情形下，若要 2027 年率先实现碳达峰，浙江省需采用强力型的技术减排和生活减排政策，产业结构和能源结构则可采取温和型。即 2027 年碳排放强度比 2005 年下降 65%；非化石能源占比提高至 24.1%，年均提升 0.5%；第二产业占比降至 34.8%，年均下降 0.75%；人均生活碳排放增幅小于 21.1%，年均增幅小于 2.8%。这一方案的碳峰值为 80 507 万吨。

在经济低速发展情形下，浙江省碳达峰政策空间较大。若要 2027 年率先实现碳达峰，浙江省需采取强力型生活减排政策，其余三种政策采取温和型。即 2027 年，碳排放强度比 2005 年下降 58.5%；非化石能源占比提高至 24.1%，年均提升 0.5%；第二产业占比降至 34.8%，年均下降 0.75%；人均生活碳排放增幅小于 21.1%，年均增幅小于 2.8%。这一方案的碳峰值为 79 867 万吨。当然，若其余三种政策采取强力型，则可更早达峰，且峰值更低。

四、浙江省率先实现碳达峰的几个结论

第一，浙江省有能力率先实现碳达峰。历届省委政府高度重视碳减排工作，能源领域改革全国领先，电力和非化石能源占比较高，能源利用效率居全国前列。数字经济领跑全国，低碳型服务业对经济增长贡献率较高。根据 48 种情景模拟可知，仅有 3 种结果无法在 2030 年前达峰，4 种结果可在 2030 年达峰，其余 41 种结果均可提前 1～6 年达峰。因此，浙江省已经具备了率先实现碳达峰的现实基础与工作条件。

第二，浙江省率先实现碳达峰在经济上是可以承受的。不同速度的碳达峰模拟结果显示，全省经济增长仍能保持在合理区间。对 2027 年碳达峰方案各种模拟表明，“十四五”期间全省经济仍可年均增长 5.6%以上，城市化率达 75%，常住人口达 6 000 万左

右，可如期实现“十四五”各项经济发展目标。若政策力度得当，碳峰值尚有14%～19%下降空间。同时，碳达峰过程中的发展方式转变和产业结构升级，可为浙江省率先实现碳中和奠定良好基础。此外，碳达峰所需的产业——能源结构转型、低碳技术研发将带动大规模投资，从而刺激技术创新、经济增长并新增大量就业。

第三，浙江省率先实现碳达峰需要抓住几个关键环节。一是尽快摸清五大领域全口径碳排放，加紧编制并出台省市两级、各行业碳达峰行动方案，构建全口径减排考核与监督机制，加强对碳达峰工作的统筹规划与监督检查。二是加快构建多元清洁能源供应体系。通过增加天然气、非化石能源、核能等占比，控制煤炭占比，增加外省调入能源，构建清洁能源供应体系；全面推进能源消费侧高效化减量化，严控增量用能和低效用能，打通能源产供储销体系堵点。三是大力发展数字经济相关产业，推进产业低碳化转型和结构优化。四是开展能源系统集约化、智能化、精细化、协同化技术创新，强化碳达峰行动科技支撑。五是加快完善有利于碳达峰的价格、财税、金融等政策，加快建设省域用能权、碳交易市场，推动形成有利于碳达峰的市场预期，发挥市场机制在能源配置中的决定性作用。

关于浙江省率先实现碳中和的时点测算和重点突破*

吴伟光　顾光同　钱志权　等**

碳中和是当今全球治理与国际合作中最为重要的议题。目前，全球已有包括我国在内的127个国家与地区就碳中和做出了承诺。浙江省作为我国经济最为发达的省份，预计将于2035年左右人均GDP进入发达经济体行列。因此，全省在抓紧制定并实施碳达峰行动方案的同时，应对标发达经济体，尽早谋划推进碳中和的具体方略；这不仅可以彰显浙江省“三个地”的政治责任和使命担当，也是在国际上展示“重要窗口”的客观需要。

一、浙江省率先实现碳中和的时点测算

基于浙江省未来碳排放变化趋势、固碳增汇变化趋势，以及碳捕获利用与封存等负碳技术发展，可对浙江省碳中和时点做出大致研判。

1. 2021—2060年浙江省碳排放变化趋势。本研究设置了高速、中速、低速3种经济增长情形，并在技术减排、生活减排、产业结构和能源结构4个方面，分别采取强力型与温和型2种政策工具，共计48种组合情景；据此，基于模型对2021—2060年浙江省碳排放变化趋势进行了预测，结果表明：若采取合适的政策组合工具，浙江省可于2027年实现碳达峰，最大峰值为80 635万吨CO_2，之后碳排放总量均值逐步下降到2050年的66 347万吨和2060年的56 606万吨。

2. 2021—2060年浙江省森林与湿地固碳增汇变化趋势。基于森林植被龄组转移概率推演法和湿地固碳速率潜力分析法，测算结果表明，浙江省2021—2060年森林与湿地碳汇呈持续上升态势。具体而言，森林每年吸收的CO_2将从2021年的7 293.8万吨，平稳上升到2045年的峰值8 559.8万吨，之后基本保持稳定。湿地每年吸收的CO_2将从2021年的7 521.8万吨，持续上升到2060年的13 564.6万吨。

3. 不同情景下浙江省碳中和时点研判。如果仅仅考虑森林与湿地固碳增汇的情况，到2050年和2060年，两者合计每年可以吸收CO_2达22 751.7万吨和22 924.1万吨，分别占同期碳排放的34.3%和40.5%，各剩余43 595.3万吨和33 681.9万吨CO_2未能中和。

---

* 本文获得浙江省主要领导批示。

** 作者简介：吴伟光，浙江农林大学浙江省乡村振兴研究院首席专家、教授；顾光同、钱志权，浙江农林大学浙江省乡村振兴研究院研究人员、副教授。

4. 主动谋划碳捕获利用与封存（CCUS）技术。如果考虑碳捕获利用与封存技术的发展与应用，那么浙江省可与大部分发达国家保持同步，于 2050 年左右实现碳中和是完全可能的。理由是：基于现有全球已经启动的 38 个碳捕获利用与封存（CCUS）大型项目的调查与预测，预计到 2040 年全球碳捕捉利用与封存能力将达到 40 亿吨，该技术将进入大规模商业化使用阶段，成为碳中和重要的技术手段。因此，森林与湿地固碳增汇未能中和掉的 CO_2 可以通过碳捕获利用与封存加以中和。

可见，浙江省有能力与大部分发达国家保持同步，于 2050 年左右实现碳中和，比国家设定的 2060 年实现碳中和的时间提前 10 年左右。2050 年左右实现碳中和的政策组合为强力型减排政策与增汇固碳型政策组合，率先实现碳中和必须坚持碳减排和增碳汇双管齐下的方法。

二、浙江省碳减排的重点领域、区域与行业分布

按照 IPCC 国家温室气体清单指南，对浙江省 2000—2020 年期间的能源活动、工业生产过程、农业、林业与土地利用、废弃物处理五大领域温室气体排放总量进行了全口径核算，并分析了碳排放的地区与行业分布情况，结果表明：

1. 能源消耗是浙江省温室气体排放首要来源。2020 年，浙江省温室气体排放总量为 77 619 万吨。其中，能源消耗排放占比 86.7%，工业生产过程排放占比 11.1%，农业生产过程和废弃物处理分别占 1.5%和 0.7%。

2. 宁波市与杭州市是最主要的排放地区。从地区分布来看，宁波和杭州为高排放地区，2020 年分别占全省排放总量的 23%和 15.7%；嘉兴、绍兴和温州为中高排放地区，分别占 10.6%、10.5%和 10.1%；台州、金华、湖州为中低排放地区，分别占 8.3%、6.4%和 5.3%；舟山、衢州、丽水为低排放地区，分别占 4.3%、3.5%和 2.3%。特别需要关注的是，舟山大型石化项目上马可能对全省未来碳排放格局产生较大影响，但因数据难以获得在本研究中未考虑。

3. 工业生产与城乡居民消费是重点排放行业和领域。从行业或领域分布来看，2020 年，工业、城乡居民消费、交通、建筑业、农业、其他服务业等六大行业温室气体排放，占总排放量的比重分别为 67.8%、11.9%、5.9%、2.1%、1.7%和 10.6%。

可见，浙江省要率先于 2050 年左右实现碳中和，重中之重是进行能源革命，通过优化能源结构、提高能源效率进行能源碳减排；从地区来看，重点要加强宁波与杭州等高碳地区排放控制；同时，还要积极推动数字化信息化技术在节能控排领域的应用。

三、浙江省固碳增汇的关键领域及区域分布

1. 固碳增汇是碳达峰后实现碳中和目标不可或缺的手段。固碳增汇途径主要包括海洋固碳增汇、陆地生态系统固碳增汇、碳捕获利用与封存三大类。其中，海洋固碳增汇

潜力巨大，但目前人为可干预性不强。陆地生态系统固碳增汇包括森林、湿地、土壤、草地等多种类型碳库。研究表明，森林是陆地生态系统中最大的碳库，且人为可干预性强；湿地固碳潜力也较大，尤其是人工湿地可干预性较强；土壤碳库规模大，但人为可干预性弱。碳捕获利用与封存技术目前尚处于研发试验阶段，应用成本高，但未来应用前景值得期待。因此，从近期来看，全省重点应着力提升森林碳汇与湿地尤其是人工湿地碳汇；从中长期来看，应重视碳捕获利用与封存技术的研发与应用。

需要强调的是：尽管从长远来看，真正实现“零排放”关键在于能源脱碳，但对于我国而言，要实现2060年碳中和目标，基于自然方案实现碳中和是不可或缺的，坚决反对“碳汇无用论”。原因在于：一是“碳中和”并非真正的“零排放”，而是在采取最大努力减排措施之后，将人类活动过程中仍然无法避免的碳排放，通过基于自然的方法加以吸收，实现所谓的“净零排放”，即碳中和。二是从成本角度来看，完全依赖能源脱碳实现零排放，经济成本是巨大的、无法承受的，且要在2060年之前依靠能源脱碳实现零排放难度很大。

2. 森林与湿地是未来固碳增汇的重点领域。本研究就浙江省最具发展潜力的森林与湿地固碳增汇进行测算，结果表明：2004—2019年，浙江省森林蓄积量从1.7亿立方米上升到3.6亿立方米，森林碳储量从1.6亿吨上升到2.8亿吨（1吨碳储量相当于3.67吨CO_2当量），2019年森林新增固碳7 293.8万吨CO_2当量，占同期碳排放的9.4%。浙江省有各类湿地约111万公顷（其中，近海与海岸湿地69.3万公顷），每年增汇量达到7 182.2万吨CO_2当量；占同期碳排放的9.2%。

3. 丽水与杭州是森林固碳增汇的重点区域。从地区分布来看，2019年丽水与杭州森林碳库规模最大，分别占全省的24.3%和19%；金华、温州、衢州次之，分别占11%、9.8%和8.5%；台州、绍兴和宁波合计占比为22.5%；湖州、舟山和嘉兴合计仅占4.9%。

4. 宁波、温州和台州地区是湿地固碳增汇的重点区域。分地区来看，宁波、温州和台州三地湿地年固碳量占比达65%，分别占23.1%、21.5%和20.4%。其余地区合计占35%。

综上所述，浙江省在基于自然的固碳增汇方面具有独特优势，是实现碳中和不可或缺的重要手段；更为重要的是，基于自然的固碳增汇途径无须技术突破，是最为经济可行的，也是国际公认并积极加以推广的方法。因此，要反对“碳汇无用论”，近期重点应加大森林质量提升与湿地修复工程，努力提升基于自然的固碳增汇能力；中长期应高度重视碳捕获收集与封存等负碳技术的研发与应用，为未来绿色气候经济时代发展，做好技术储备，取得先机。

完善钱塘江源头区域生态保护修复一体化补偿机制的政策建议*

沈月琴　朱臻　宁可　等**

“山水林田湖草是一个生命共同体”，统筹山水林田湖草系统治理是全方位、全地域、全过程实现生态文明建设目标的关键。生态保护修复影响相关利益主体的自然资源经营权，因此补偿机制至关重要。

一、生态保护修复补偿机制探索及其成效

（一）生态保护修复补偿机制的探索

1. 以财政转移性支付为主导的生态补偿。（1）生态公益林补偿。2004 年浙江省实施生态效益补偿基金制度，源头区标准为 40 元/亩，低于广东省特殊区域标准（45.1 元/亩）。（2）地役权改革补偿。率先进行了探索，包括集体林地役权改革［补偿标准为 48.2 元/（亩・年）］和基本农田地役权改革［补偿标准为 200 元/（亩・年）］。（3）社会投资损失补偿。实行“一站一策”制定退出整改方案，对完成退出整改电站给予资产评估价值 5%奖励金。（4）野生动物破坏损失补偿。政府作为投保人向保险公司投保，签订野生动物肇事保险协议，弥补农户野生动物肇事的损失。

2. 以提供生计就业为辅助的生态补偿。对依赖自然资源生计农户提供生态就业岗位。（1）设立生态巡护岗位。开化县 21 个行政村，配置专兼职生态巡护员（共 95 名）。（2）设立科研助理岗位。钱江源国家公园内原住民经专业知识培训，担任科研助理，配合开展科研活动。

3. 以跨区域联动为补充的生态补偿。浙皖赣三省签订“跨省生态保护与可持续发展战略合作协议”，建立国家公园毗连区跨省生态保护与可持续发展合作联席会议制度，开化、休宁、婺源和德兴四地政法系统签署《开化宣言》，建立了护航国家公园生态安全五大机制，联合开展钱江源流域生态保护修复。

---

* 本文获得浙江省主要领导批示。

** 作者简介：沈月琴，浙江农林大学副校长、浙江农林大学浙江省乡村振兴研究院院长、教授；朱臻，浙江农林大学浙江省乡村振兴研究院农林经济与乡村产业发展研究中心主任、经济管理学院副院长、教授；宁可，浙江农林大学浙江省乡村振兴研究院农林经济与乡村产业发展研究中心副主任。

（二）生态保护修复补偿机制的初步成效

1. 有效缓解资源保护与主体权益保障之间的冲突。如野生动物破坏损失补偿弥补了农户资源经营损失，野生动物肇事保险制度实施后，累计收到理赔申诉20余起，最高理赔补偿金额达8 100元。社区居民对生物多样性保护意识提升，共救助国家一、二级保护动物54只，依法救助奖励3.8万元。

2. 有效拓展当地社区农户收入来源。调查显示，地役权改革以来，当地每户转移性收入由283.9元/年增至478.8元/年，增幅68.9%。生态巡护和科研助理岗位拓宽了农户非农就业渠道，国家公园范围内农户每年享受改革带来红利2 000元以上。

3. 有效提升农户生态保护参与意识。通过“社区＋农户”治理模式，实现社区共管共建。依托村规民约、生态巡护与科研助理等岗位，设立举报电话和奖励办法等方式，让社区主动参与。调查显示，农户参与比率达49.2%，农户生态保护参与意识得到提升。

二、生态保护修复现行补偿机制存在的主要问题

综上所述，钱塘江源头生态保护修复工程已有一些生态补偿创新做法和成效，但仍存在一些问题。

（一）一体化补偿理念尚未落实，难以实现系统修复与保护

山水林田湖草是一个生命共同体，目前在落实系统保护修复理念、创新探索一体化补偿政策机制中仍面临挑战。一是各级横向（省际、县际）或者纵向地方政府（上下级）对辖区范围进行资源开发、生态保护等政策规定不同，落实情况难以统一；二是钱江源头流域生态补偿涉及自然资源、环保、林业、水利等多部门，补偿政策各自执行，难以实现一体化补偿目标，管理体制仍需统筹与协调。

（二）补偿机制单一，难以促进生态产品服务市场化发展

现有生态补偿仍以政府财政性转移支付为主，自然资源生态服务市场化程度较低，“两山”通道尚未完全打通。钱江源头区域拥有丰富的山水林田湖资源，但因社会资本注入不足，森林康养和乡村旅游发展规模小，更缺乏国家碳中和战略目标下发展碳汇产业和碳汇经济的实践探索，资源优势仍未变成竞争优势，难以有效增加当地农户收入。

（三）补偿内容和标准欠合理，难以满足农户现实需求

现有生态补偿内容和标准欠合理，表现在：

1. 地役权补偿资金难以弥补以林地资源为生计的农户经济损失。调查显示，集体林地地役权改革补偿标准［48.2元/（亩·年）］远低于农户经济林收入［2 000元/（亩·年）］。

2. 野生动物保险制度设计欠合理。一是参保条件要求农户连片面积至少 1 亩，但试点区户均耕地面积不足 1 亩的占 63.1%，农户参保率低；二是理赔标准要求损失达 100 元/亩，而野生动物活动随机性特点导致其破坏呈散点状分布为主，加大了农户理赔难度；三是赔付程序烦琐，农户申请理赔不便。

3. 国家公园提供的就业补偿岗位欠精准和稳定，无法保障农户可持续性生计，且工资报酬与非农就业差距大。调查显示，生态巡护员岗位（1.2 万元/年）低于外出务工收入（3 万元/年）。科研助理岗位与项目相伴而生，项目终止，岗位就停止，无法保证农户可持续生计。

三、完善一体化生态保护修复补偿机制的政策建议

（一）强化系统观念系统方法，顶层推进一体化补偿政策机制

以系统观念系统方法推进基于山水林田湖草的生态保护修复补偿，做到区域、部门、产品一体化谋划，以避免各自为政、分散补偿。一是建立省山水林田湖草生态保护修复工作机制，并成立跨层级、跨行政区的工作专班，负责全流域、全区域生态修复项目和生态补偿资金的落实和管理；二是由自然资源部门牵头，制定《浙江省山水林田湖草一体化生态保护修复补偿管理办法》，明确生态补偿实施条件、范围、原则、标准，界定相关部门职责范围，为一体化补偿机制构建提供制度保障；三是强化山水林田湖草一体化生态补偿政策研究。梳理现有相关政策，剖析问题，重构满足一体化理念的政策体系。

（二）完善生态产品服务交易市场，拓展多元化生态产品价值实现机制试点

1. 探索建立山水林田湖草一体化的生态产品交易市场，畅通生态补偿市场化渠道。一是完善各类自然资源资产确权登记，探索促进生态保护修复的产权激励机制；二是制定符合省情的生态产品服务目录，对标 FSC、MSC 等国际认证标准，建立生态产品价格评估和质量标准，为生态产品服务交易打通壁垒；三是结合区块链技术优势，打造自然资源数字化交易管理平台，实现生态产品价值核算、交易、产权变化等全流程对接与管理协同，降低交易成本。

2. 拓展多元化生态产品价值实现机制试点，挖掘生态补偿市场潜力。一是政府主导，在生态保护修复中增加森林碳汇试点，挖掘固碳增汇的潜力，提高生态系统增汇能力，为全省率先实现碳中和作出贡献；二是政策引领，吸引社会资本发展森林康养等新兴生态产业，将生态价值市场化；三是创新绿色金融模式，推进“两山银行”建设，推出公益林补偿收益权质押贷款、森林资源资产抵押贷款等，释放生态补偿市场活力。

（三）整合补偿资金和推进精准补偿，保障生态保护修复可持续性

一是整合现行省级财政主要来源的生态补偿制度，包括公益林补偿、土地地役权改革等，建立山水林田湖草生态修复专项补偿资金，由自然资源部门统筹并逐年提高其补

偿标准；二是地方设立专项生态保护与建设基金，将地方自然资源开发、生态环境破坏处罚等相关收费收入反哺生态保护修复；三是建立流域生态补偿财政奖补政策，将资金补偿与区域生态保护修复指标考核挂钩，激励地方内生动力。

同时，健全精准补偿机制，保障当地农户可持续生计。一是设立生态产业发展专项基金，扶持发展林下经济等新业态，政策支持引进培育农林业龙头企业，促进产业规模化发展；二是加大对农户生态化经营技术培训，建立专业社会化服务组织，提升农户的组织化程度和经营能力。

进一步深化钱江源国家公园体制机制创新的政策建议

朱臻　沈月琴　宁可*

2016年6月，《钱江源国家公园体制试点区实施方案》获批，成为全国十大国家公园体制试点区之一。2019年，钱江源国家公园管理局正式挂牌成立。钱江源国家公园覆盖面积252平方公里，包括古田山国家级自然保护区、钱江源国家森林公园、钱江源省级风景名胜区及其连接地带，涉及齐溪镇、何田乡、长虹乡、苏庄镇4个乡镇21个行政村72个自然村。钱江源国家公园试点在建设过程中实施了一系列管理体制机制创新，取得了突出成效，但在体制机制创新实践中也存在一些有待破解的难题，需出台相关政策进一步完善。

一、钱江源国家公园体制机制的探索与实践

（一）形成了“垂直管理、政区协同”的管理体制

通过整合原有保护地管理机构，形成了“垂直管理、政区协同”的管理体制。成立钱江源国家公园管理局，由省政府垂直管理、省林业局代管、纳入省一级财政预算，并与地方政府建立交叉兼职、联席会议、联合行动等机制。在决策机制上，构建政府统一领导、部门协同推进的工作机制，攻坚试点工作推进过程遇到的重大难点问题和政策瓶颈。

（二）建立了保护自然资源的长效机制

不断探索跨区域生态环境协同保护长效机制。与毗邻的江西省、安徽省相关县（市）签订《跨省生态保护与可持续发展战略合作协议》，并建立县级层面合作保护机制，开化、休宁、婺源和德兴四地政法系统共同签署了《开化宣言》，建立了护航国家公园生态安全五大机制，严厉打击破坏自然资源的活动，打造生态和利益共同体，实现自然资源的长效保护。

---

* 作者简介：朱臻，浙江农林大学浙江省乡村振兴研究院农林经济与乡村产业发展研究中心主任、经济管理学院副院长、教授；沈月琴，浙江农林大学副校长、浙江农林大学浙江省乡村振兴研究院院长、教授；宁可，浙江农林大学浙江省乡村振兴研究院农林经济与乡村产业发展研究中心副主任。

（三）初步构建了生态产品价值实现机制

积极探索以“两山”转化为核心理念的生态产品价值实现机制。以五大国资公司为主平台，市场化推进生态产品开发。依托新农投集团，通过品牌打造，推出了齐溪龙顶茶、何田清水鱼等特色产品，发展了古田山生态油茶和长虹休闲旅游等产业，实现品牌化增值，带动居民增收致富。

（四）构建了以地役权改革为核心的生态补偿机制

以地役权改革为核心的生态补偿机制雏形初步形成。在不改变土地权属的基础上，实施了集体林地和农田地役权改革补偿试点，将集体的农林地统一交由钱江源国家公园局管理，分别实行 48.2 元/亩和 200 元/亩的林地和农田地役权改革补偿；制定了《钱江源国家公园野生动物肇事公众责任险保险办法》，对国家公园内野生动物活动导致的人身或财产损失进行理赔；出台了《钱江源国家公园范围内水电站整治工作实施方案》，对国家公园内小水电经营开发开展深入整改，通过合理的补偿保障业主合法权益。

（五）形成了国家公园建设和管护的公众参与机制

通过社区共管和社区共建，实现了国家公园建设管理的公众参与。提供公益性岗位，依托《钱江源国家公园专（兼）职生态巡护员管理办法》，选聘村民充当专（兼）职生态巡护员；推出奖励举报制度，出台了《钱江源国家公园野生动物保护举报救助奖励暂行办法》，鼓励村民积极报告自然资源和野生动物状况、举报偷伐偷猎行为；开展各类特许经营活动，鼓励村民利用国家公园品牌，开展游憩、农家乐等活动，实现全民共享建设红利。

二、钱江源国家公园体制机制实践中面临的问题

（一）社区发展与生态保护之间的矛盾有待进一步破解

首先，当地农村社区属于相对欠发达山区，国家公园实行最严格的生态保护，限制土地的商品性开发和建设，导致村集体经济更难以自主发展。其次，就业补偿的设置难以保障农户可持续生计。调查显示，生态巡护员岗位每年 12 000 元的收入远远低于外出务工的 30 000 元收入。同时，其他就业岗位多与项目有关，存在明显周期性，就业机会随项目终止而停止，就业补偿缺乏稳定性。最后，野生动物肇事保险制度与现实情况并不适用。调查显示，每亩最高 1 000 元的赔付标准和破坏面积超过 1 亩的准入条件与当地亩均 2 000 元收益的油茶种植及野生动物活动随机性的特点不相符合，保险制度难以有效保障农户经济利益。

（二）国家公园政区协同管理体制有待进一步优化

第一，钱江源国家公园横跨浙江、安徽、江西三省，三省境内对自然资源管理未形

成统一的区域协同机制，跨省协同管理体制需进一步提升。第二，按照浙江省“一园两区”的建设思路，百山祖保护区即将加入国家公园行列，跨越行政管理的壁垒，构建“一园两区”的管理体制也需进一步明确。第三，公园管理局与地方相关部门仍然存在职能交叉、协同不足，如基层乡镇林业站与国家公园生态保护站在开展业务工作中目标不一、标准不同，国家公园管理协调机制有待进一步完善。

（三）以地役权补偿为主的生态补偿机制仍需进一步完善

首先，国家公园范围内17.4%的国有林地，不属于现有地役权改革覆盖范围，仍以低于地役权改革补偿标准的省级公益林补偿标准执行，国有林地重要的生态区位无法享受同等的补偿标准；其次，补偿标准上，目前集体林地地役权改革补偿标准为48.2元/亩，远远低于调查数据显示的2 000元/亩的经济林种植收入，难以弥补限制农户林地经营的收益损失，激励效用有限；最后，补偿方式上，现有补偿形式主要以现金补偿为主，以政府财政性转移支付为主要资金来源，缺乏市场化生态补偿形式，生态补偿效率有待加强。

（四）社区参与和政策认知仍需进一步强化

第一，社区居民作为政策接受方，难以参与钱江源国家公园建设的规划设计、投资项目的收益分配等决策，参与国家公园建设和管理程度有待进一步加强。第二，在生态保护优先的导向下，限制经营开发，社区参与主体也大多集中于村干部和护林员，提供的社区参与机会有限、覆盖面窄，社区居民难以持续稳定地从国家公园建设中获益。第三，社区居民对国家公园建设的认知还处在较低水平，调查显示，55.9%的社区居民不了解国家公园相关政策，65.7%的社区居民不了解国家公园建设开展的相关活动。

三、进一步深化钱江源国家公园体制机制创新的对策建议

（一）进一步深化生态保护和社区发展并重的国家公园融合发展机制

首先，在国家公园管理政策允许的非核心区，依托政府财政资金和“企业＋农户”模式实施生态产业发展专项投资计划，用于专项扶持村集体和居民发展如林下经济、森林康养等环境友好型生态产业，建立合理的收益分配机制，提升村集体和社区居民的收入。其次，创造公益就业岗位，以钱江源国家公园建设及“山水林田湖草”生态修复等重点工程为依托，挖掘生态建设与保护就业岗位，为社区居民提供就业机会。最后，不断完善野生动物肇事赔偿制度，考虑野生动物的活动特性，降低理赔准入门槛，实施社区联保，补偿周边群众因野生动物造成的人身伤害、财产损失，简化补偿程序，扩大补偿范围，逐步提高补偿标准。

（二）进一步构筑以顶层设计为重点的多方协同国家公园管理机制

首先，在推进国家公园建设管理过程中，以钱江源国家公园管理局为牵头单位，下

设跨层级、跨行政区的常设性管理协调机构，负责公园全区域生态保护的落实和管理；再者，基于“一园两区”的建设理念，明确行政管理的范围、原则及各行政单元的责任义务，建立统一的自然资源管理方法；最后，要协调好国家公园管理局与地方政府的关系、国家公园保护站与当地林业站的关系、国家公园与国有林场的关系，对职责交叉的部分，以国家公园的相关规定为准，保证国家公园内行政管理标准的统一。

（三）进一步拓展以生态产品服务市场化为特色的生态补偿机制

国家公园涉及山水林田湖草多种类型自然资源，为提高生态补偿的效率，可以依托当地丰富的自然资源优势，建立长效化、市场化的生态补偿机制。一是，依托良好的森林资源和环境，借助钱江源国家公园品牌和生态保护的名片，实现特色产品开发、森林康养、主题小镇等建设试点，实现生态价值溢价；二是，整合林地资源，开展碳汇林交易试点，开发自愿减排量等碳汇产品，借助国内碳交易平台，将森林碳汇挂牌入市交易，实现森林碳汇生态价值的转化；三是，创新绿色金融模式，推进“两山银行”市场化建设，推出公益林补偿收益权质押贷款、森林资源资产抵押贷款，将“死地”变“活地”，释放生态补偿的市场活力。

（四）进一步完善以共建共享理念为核心的社区参与机制

第一，要建立社区参与的合作机制，成立由国家公园管理人员与社区居民代表组成的社区共管小组，共同负责国家公园的管理、决策工作，就国家公园建设问题进行平等讨论和磋商。第二，拓宽参与形式，通过特许经营、就业培训等方式让社区居民参与资源利用和经营活动，共同享受国家公园带来的收益，提高参与的积极性。第三，提升社区居民的认识，通过组织宣讲会、分享会、生态保护成果展示会等形式，宣传国家公园建设的典型案例和重要意义，提升居民对国家公园建设的自豪感和重视程度，提升社区居民的参与度。

乡村治理研究

杭州市临安区人大常委会“云端专题询问周”的做法、成效与价值[*]

李勇华[**]

党的十八大以来，各地人大都在积极探索“专题询问”新形式。杭州市临安区自2019年以来，创新探索“云端专题询问周”。2021年，贯彻省委“数字化改革”大会的精神，临安区人大常委会结合审议区政府专项报告，又对“云端专题询问”作了进一步完善，取得了显著成效，把人大“监督权”推向了一个新阶段。

一、“云端专题询问”的产生与缘由

“监督权”，是县级人民代表大会代表人民行使的与重大事项决定权、重要人事选举任免权并重的三项法定基本权力之一（设区的市以上和民族自治地方的人大还享有地方立法权）。

“询问权”是人大监督权的基础，是国家法律赋予各级人大及其常委会对“一府一委两院”实施监督的重要权力。我国“询问权”经历了一个由以往“询问”到“专题询问”的发展过程。以往“询问”是人大代表或常委会组成人员和列席人员在人民代表大会或常务委员会会议期间提出询问，有关部门负责人到会进行答复。它的特点是注重了解情况、操作简便易行、不限特定主题、不作事先安排、答复方式灵活等。“专题询问”是大会主席团或常务委员会有计划、有组织、有准备、针对特定议题、集中时间精力开展的询问活动。它是进入新时代，以习近平同志为核心的党中央对人大工作的重要改革和创新要求。党的十八届三中全会提出了完善人大及其常委会专题询问的组织方式和工作机制，增强专题询问的针对性、互动性、实效性。“专题询问”把人大监督权质量提升到了一个新水平。

如何把中央要求的“专题询问”办得更好？其中的一个重要抓手是创新互联网背景下的组织形式。“专题询问”大多采取的是传统的会议形式。“会议专题询问”受时间、场地等客观因素制约，参与人数较少、覆盖面不广，询问时间受限、问题数量受制，与被询问部门的互动不充分，这消解了专题询问的效果，影响到专题询问目的的达成。于

---

* 本文获得浙江省领导批示。

** 作者简介：李勇华，浙江农林大学浙江省乡村振兴研究院首席专家、教授。

是，临安区把人大常委会专题询问“移步”云端；由此，突破时、空制约的“云端专题询问”应运而生。

二、“云端专题询问”的做法与成效

（一）拓展时空与主体，以“云端问答”赋能专题询问

1. 拓展询问空间，把会场搬到手机。突破专题询问局限于实体会场的空间限制。临安区人大常委会用“云端”专题询问拓展常委会“会议”专题询问，通过“智慧人大”手机 App 中特设的“询问台”，将询问会场直接搬至委员、广大代表的手机中，确保委员、代表在哪里，询问会的现场就延伸到哪里，“不限地点”。

2. 拓展询问主体，让大多数区代表参与。突破与空间限制相关联的“常委会组成人员”和少数“列席人员”的参与主体限制。临安区人大常委会把专题询问的参与主体，拓展到全区大多数人大代表（邀请）。他们可以通过临安智慧人大手机 App“询问台”在询问周内围绕本次专题，随时随地、直截了当地向有关部门发起询问、发表意见、赞同点赞等。

3. 拓展询问时长，120 小时不打烊。突破“专题询问会一般不超过两个小时”的时间限制。临安区人大常委会在充分研究分析互联网特点特征的基础上，将“云端专题询问”时间设定为一周（5 天），即 120 小时，形成了“一场持续 120 小时的专题询问会”。并设计了“4.5 天＋0.5 天”的时间架构（即四天半的线上询问，半天的线下会议）。规定期限内“不限时间”。

4. 拓展询问频度，提问不设上限。突破了“询问人在听取回答后，就同一问题可以补充询问一次”的限制。“持续 120 小时的专题询问会”，委员、代表围绕本次议题的询问次数、问题个数、评论数量等不设上限、不作约束，“畅所欲言”。

5. 拓展互动深度，答到满意为止。突破互动限制。常委会成员和代表云端发出询问后，相关部门必须按要求在 24 小时内给予答复；若未及时答复，或答不出原委、答不出责任、答不出承诺，询问人可以发起追问，还可以通过跟进评论、提出办理意见等方式进行催办督办，直至部门答清楚、答细致、答明白，感到满意为止。推动实现政府部门从原来的“会上承诺”到现在的“网上兑现”、人大成员从“会上满意”到“心里满意”的转变。

据统计，2021 年 5 月 24 日至 28 日“推进落实‘十四五’规划科技创新发展部署、加快创新策源地建设”专题询问周期间，区人大常委会组成人员和人大代表参与 825 人次，通过平台发出询问 61 条，涉及议题的方方面面，10 个相关部门按照规定在 24 小时内答复到位；对询问和应询先后发表评论 89 条、点赞 676 次。代表参与的积极性与主动性尤其高涨。

（二）加强常委会牵导，以组织化确保云端询问有序化

“云端专题询问”参与主体扩大到大多数区人大代表，参与空间移步到开放性网络，

参与时长延续整整一周，能否确保活动的有序性和可控性？临安的经验表明：能！这里的关键是：区人大常委会要履行好法律赋予的职责。人大闭会期间的“专题询问”是法律赋予人大常委会代表人民行使的特有权力，其启动权和组织权都在常委会。临安区人大常委会抓好5个环节。（1）主导议题的设定。临安区人大常委会按照“三个必须”（必须围绕中心大局、聚焦民生关切、彰显人大作为）的要求精心选定询问议题，并成立专题审议工作小组，让大家都讲“重要”的话。（2）淬炼询问的精准性。“确保问在点子上、切中要害处”。为此，首先，组织扎实的问前调研。2021年专题询问前，区人大常委会先后对科技城、经信局、科技局、发改委等部门进行专题调研，18个镇街人大机构联动调研，还委托统计部门开展网络问卷调查。基此汇总形成调研报告。其次，广征精梳委员代表的问题。区人大常委会对收集上来的委员代表的问题，并不是简单的照单全收、囫数上会，而是要经过一番“科学化”梳理、“合理化”审核。与主题无关的要删除，提问不恰当的要拿掉，意思相同的要归并，用词不确的要修正。（3）对被询问部门的事先反馈。“专题询问”不是专题“审问”，人大“监督”不是人大“监视”，不能把人大与其他国家机关的关系搞成“猫鼠”乃至“敌对”关系，搞突然袭击。人大常委会对梳理和审核出来的问题，要在“云端专题询问”前，转交受询问单位，以便其作出问前准备。（4）精心设计并亲自把关云端会。“云端询问周”开始前，常委会制定详备的实施方案；开始后，常委会更不放手（任），时刻关注网络询问开展的实时状况，时时对网络询问实施积极引导和必要监管，确保“云端专题询问”始终运行在“政治正确”“业务有效”“运作有序”的轨道。（5）最后半天线下总结会议。“询问周”的最后半天，审议会移步线下，人大常委会召开会议，汇总4天半网络询问情况，凝练主要问题，再次请来有关单位负责人，进行“期终考试”，回答常委会组成人员和部分区人大代表的集中询问。

（三）强化“问”后追踪，以“云端监控”打造监督“闭环”

临安区人大常委会将专题询问意见建议的跟踪督办从线下迁移到线上，打造专题询问监督“升级版”。在网上专题询问结束后，临安区人大常委会梳理汇总、研究分析询问问题、意见建议、部门答复，形成办理内容清单，全部上传至临安智慧人大平台，并通过网上交办给相关部门办理；相关部门在接到通知后，需严格按照工作要求在临安智慧人大平台跟踪系统内列出详细的办理计划、办理时间、责任领导、具体联系人、联系电话等内容，形成办理责任清单，并每月至少一次上传更新办理情况，以便委员、代表随时了解、全程监督。尤其是重点督办应询部门明确承诺的办理进度、时间节点，直到问题全部办结为止。切实推动形成了“环环相扣、层层落实”的监督“闭环”，维护了专题询问的严肃性，实现了从“一答了之”向“一跟到底”的转变。

三、“云端专题询问”的蕴含价值

“云端专题询问”，其意义和价值，不仅限于是地方国家权力机关“监督权”的创新形式这样一种直观的展现形态，而且对地方国家权力机关三项法定基本权力的提升，对地方人大的职能和能力建设，都具有多方位的重要牵动作用。

（一）把人大及其成员的理政职能和履职能力提升到了新水平

人大作为国家权力机关，要把法定的重要权力行使好，法定职能“不缺位”和履职能力“不断档”是基础和根本。离开这个根本，一切都无从谈起。“云端专题询问”打破时空、主体、数量、内闭等限制，把专题询问的能量通过网络手段力求最大化，定位了人大及其成员法定的理政职能，赋能人大及其成员法定的履职能力。

（二）把人大对其他国家机关的监督权推进到了新阶段

“监督权”是县级人大的三项法定基本权力。“云端专题询问”是人大监督权行使的新时代形式，它的最直接效应是极大提升并实化了人大的监督权，使人大监督权围绕重大问题在特定时空张力内得到充分行使。

（三）为人大的重大事项和人事决定权夯实了更科学的基石

地方人大作为地方国家权力机关，执掌着各级地方的重大事项决定权和重要人事决定权，这些法定重要权力能否行使得好，取决于对实际情况的把握程度。“云端专题询问”就是一个不仅让常委会成员，而且让“人大代表”更全面、深入、准确了解其他国家机关及其领导人工作状况的过程，从而为人大准确行使重大事项和人事决定权夯实更科学的基石。

（四）彰显了人民一切权力拥有者的崇高地位

我国的一切权力归于人民，而人民行使国家权力的途径是各级人民代表大会。因此，各级人民代表大会及其代表的权力（利）的落实程度折射了人民作为国家主权拥有者地位的落实程度。“云端专题询问”让广大人大代表在120小时内围绕重大议题展开“疑无不问、言无不尽”的紧张而又有序的专题询问，且问题都源于会前对民声的调研和汇集。这些都彰显了人民主权及其对人民主权的尊崇。

四、“云端专题询问”的优化思路

主要围绕两个维度：如何使“云端专题询问”制度化常态化，防止“烟花”效应；如何使“云端专题询问”提升效益效率，防止“集市”效应。

1. 紧抓领导重视这一前提。思想到位，一张蓝图干到底。非一时心潮、形象工程；非不承旧政、各放“烟花”。

2. 夯实议题调研这一基础。从关乎长远与眉睫之迫的契合点上找准议题，从政府管理与实际运行的契合性上找准问题。

3. 做实跟踪督办这一根本。相关部门的“应”询，是大家关注的焦点。网上答问，有关部门须事先“做足功课”，提升含金量，力争“网上解决”。跟踪督办，人大须“九分落实”，打通“最后一公里”，防止“集市”效应。

4. 强化引导监管这一关键。更加突出常委会的引领地位不动摇。确保“云端专题询问周”有序、可控，万无一失。

5. 灵活设定询问时间。根据议题情况，云端专题询问时间可设为 3～5 天，周末不安排。

关于进一步深化村股份经济合作社公司化经营改革试点的建议*

王成军**

发展壮大农村集体经济，是保持国民经济社会本色的重要体现，是夯实党在农村执政基础的重要支撑，也是新时期实施乡村振兴战略的重要内容。但是，村级集体经济普遍比较薄弱又是乡村振兴的“短板”，需要通过创新发展模式、运行机制和管理体制，增强村级集体经济内生发展动力和自我造血功能。习近平总书记多次强调要“探索集体所有制有效实现形式”“建立符合市场经济要求的集体经济运行新机制”。中共中央、国务院印发的《乡村振兴战略规划（2018—2022年）》，提出了新型农村集体经济振兴计划。《浙江省乡村振兴战略规划（2018—2022年）》制定了集体经济强村工程，鼓励村级集体经济经营机制创新，建立符合市场经济要求的集体经济运行新机制，全面振兴农村集体经济。为了积极落实国家和省委、省政府战略决策，从2019年3月开始，杭州市临安区以村集体经济“消薄化债”和持续增收为目标，以探索新型集体经济的有效实现形式为基础，以建立符合市场经济要求的集体经济运行新机制为核心，推行村股份经济合作社公司化经营改革试点，确定於潜镇、湍口镇、太阳镇和高虹镇为重点先行先试区。在改革试点过程中，以“产权交易”“参股经营”“租赁经营”“独立经营”等作为有效实现形式，使集体能够合理分享资源资本化的增值收益；以“单村独资”“多村合作”“整镇组团”“跨镇抱团”等方式建立集体经济发展有限公司，提高运营效率、拓展业务范围，完善激励约束、民主决策等机制，探索了农村新型集体经济可复制的多种实现形式和可推广的运行新机制，然而，改革试点工作并非一帆风顺，遇到了一些政策制度和现实操作问题，需要进一步深化改革。

一、主要问题及原因

1. 基层农经干部队伍建设问题。我国基层农村经营管理体系是落实党的“三农”政策的重要力量，调研中发现，基层农村经营管理体系不健全、队伍不稳定、力量不匹配、能力不适应等问题日益凸显。一些乡镇在机构改革中已经没有专门的农业农村相关的科

* 本文被浙江省委办公厅、省政府办公厅《村级集体经济巩固提升三年行动计划》采纳。

** 作者简介：王成军，浙江农林大学浙江省乡村振兴研究院首席专家、教授。

室，导致大量的农业农村工作和改革任务无法落实到人，严重影响了改革进度和工作效果。特别是村级财务人员水平参差不齐，部分人员年龄过大，无法胜任新型农村集体经济发展需要。村干部工资由区财政统一发放，但是各村经济发展水平差距大，这样一刀切的标准，无法对村领导产生良性激励。

2. 新型集体经济支持政策问题。一是土地指标问题，对村集体经济进行改革，老百姓有需求，村领导有决心，村里有资源，由于农村土地利用限制，很难按照自主发展的要求发展集体经济。二是土地流转问题，对土地进行有效流转，实现规模化经营是发展集体经济的有效途径，但是由于缺乏有效的政策抓手，资源整合难度大。三是税费问题，税费优惠政策不够清晰，村级税费压力大，村集体在税费实际操作过程中的程序问题有待规范。

3. 集体经济公司运营问题。由于村集体经济发展有限公司属于集体经济组织性质，根据《临安市村级集体工程建设项目管理实施细则（试行）》和《临安区小额公共资源交易管理办法》，工程项目资金在200万元以上的由区级公共资源交易平台进行招投标，200万元以下的由镇街小额公共资源交易平台进行招投标。同时承接工程项目需要一定的施工资质，比如市政道路资质、房屋施工资质等，而农村经济发展有限公司往往因缺乏相关资质，无法参与招投标。

4. 集体经济公司管理问题。基层政府干预过多，目前村集体公司的经营主要由镇政府主导，董事长大多由镇政府指派，董事会成员由村“两委”成员组成，虽然以公司的形式在经营，但是领导层没有改变，使公司在经营过程中无法充分发挥市场主体的作用，没有把握好政府的宏观调控作用，没有充分发挥市场在资源配置中的决定性作用，虽然乡村资源由集体公司来进行经营，但大部分还是按以往的发展思路和操作程序在进行，对政府的项目依赖性大，造成公司依托政府才能生存的状况。

二、进一步深化改革的政策建议

1. 加强基层农经体系和队伍建设。农村经营管理是各级政府的重要职责，尤其是乡镇政府要站在农业农村发展全局的高度，把基层农村经营管理体系作为党委政府推进乡村振兴的重要力量，摆上重要位置，设置专门科室，定岗定编定职定责。把懂农业、爱农村、爱农民的优秀人才优先充实到农村经营管理干部队伍中，可以采取招录、调剂或聘用等方式，也可以通过安排专兼职人员、招收大学生村官等途径，充实农村经营管理工作力量，切实解决基层农村经营管理队伍人员不足的问题。建立干部工资增长机制，探索完善“基本工资＋任期补贴＋绩效奖金＋养老保险”模式的报酬体系，调动包括村集体经济经营者在内的村干部发展村集体经济的积极性，吸引各类经营、技术人才参与到发展村级集体经济的队伍中，增强村级集体经济发展的内在活力。开展年度评先选优工作，选派优秀村集体经济经营干部到省内外考察培训，提升干部素质能力。

2. 积极支持村集体经济公司发展。结合村实际情况，合理规划土地指标，在法律许可范围内尽可能放宽对村集体土地使用的限制；按照农村集体公司特殊主体的身份，制定相应的税收优惠政策，对村集体经济的发展给予政策上的支持。按照市场主体的要求，放宽村集体经济发展有限公司经营范围，有效支持村集体经济发展有限公司的市场竞争能力。制定村集体经济发展有限公司任职选聘制度，确保村集体经济有限公司董事长把主要精力放在公司经营管理上。制定集体资产所有权经营分离的原则，规范村集体经济发展有限公司经营层的权利清单，积极支持经营者的经营权利，有效调动经营者的积极性和创造性。

3. 健全农村集体经济公司运营管理体系。对于已经建立独立运行的村集体经济发展有限公司的村，进一步探索建立集体经济组织内部经营管理与监督分离的制约机制，可依照章程规定设立监事会或监督小组，由集体成员代表担任，坚决防止少数人控制和外部资本侵占集体资产、集体资产流失、相关各方利益被侵占等情况，形成科学有效的权力制约和协调机制，加强反腐败体制机制创新和制度保障。有条件的村试点聘请专业的职业经理人，请专业的人做专业的事，使公司可以自行运作。培养专业的会计人才，加强村集体经济发展有限公司账目的统一管理。

浙江省乡村数字化治理存在的问题及对策建议

张永亮　叶枝芬*

一、乡村数字化治理的意义

乡村治理是国家体系和治理能力现代化的重要环节，没有乡村的有效治理，就没有乡村的全面振兴。数字技术的进步推动了数字化治理模式的诞生。大数据等数字技术为乡村"治理有效"目标的实现提供了重要驱动力。数字化治理通过构建完备的数字化基础设施与技术规则，充分利用大数据、云计算、人工智能等数字化工具推动乡村治理主体、治理过程、治理内容等治理要素数字化的历史过程，是乡村治理体系和治理模式现代化、智能化的治理创新，旨在提高乡村治理效率，是数字乡村战略的必然要求，核心在于"智治"。习近平总书记强调，要推动新兴技术和实体经济深度融合，加快推动农业数字化、网络化、智能化。《中共中央、国务院关于实施乡村振兴战略的意见》《数字经济发展战略纲要》《数字农业农村发展规划（2019—2025年）》《数字乡村发展战略纲要》均提出"实施数字乡村战略"。2019年颁布的《中国共产党农村基层组织工作条例》指出，要"注重运用现代信息技术，提升乡村治理智能化水平"；《关于加强和改进乡村治理的指导意见》提出，要"探索建立'互联网＋网格管理'服务管理模式，提升乡村治理智能化、精细化、专业化水平"。《数字农业农村发展规划（2019—2025年）》将"建设乡村数字治理体系"列为"推进管理服务数字化转型"的五大任务之一。与上述顶层设计形成反差的是，不仅立法上对乡村数字化治理缺乏明确的法律规范，而且理论界对此的研究也处于起步阶段；实践中还面临着数据管理能力低下、技术基础设施落伍以及信息技术风险的挑战。推进乡村数字化治理，可以实现农村政务管理的数字化和智能化，弥合城乡"数字鸿沟"，培育乡村振兴新动能，激发乡村治理内生动力。

二、浙江乡村数字化治理存在的问题

通过对浙江部分县（市、区）调查，发现浙江省乡村治理数字化已经取得显著成效，但是仍有诸多不足之处，如地方政府在数字化治理方面投入资金不足，村民数字化意识

* 作者简介：张永亮，浙江农林大学浙江省乡村振兴研究院教授；叶枝芬，浙江农林大学在读本科生。

较弱，技术应用能力薄弱，技术规范和管理规范缺乏，法制体系不完善等不足。

（一）数字化财政资金投入不足

在对丽水龙泉各村垃圾分类智能化的调查发现，基层政府在省政府下发文件要求下在各村开展垃圾分类智能化，但大部分村庄在完成前期垃圾桶、垃圾车配备和镇垃圾中转站、自助积分兑换机、宣传设施的建设后，由于后期资金投入不足，导致后期垃圾分类的宣传措施和管理工作不到位，村民的垃圾分类意识无法得到提高，使得垃圾桶虽然进行了分类，但垃圾车、垃圾站不分类现象普遍。同时村中缺乏维修人员，出现损坏的垃圾桶、垃圾车、宣传设施无人修理的情况。部分乡镇的垃圾中转站更是因为前期村民没有进行垃圾分类，使得垃圾中转站中易腐垃圾处理设施根本无须运转，处于一种闲置状态。

（二）村民数字化意识不强

丽水松阳县茶产业、湖州德清县渔产业已经基本实现数字化转型，如松阳县茶产业实现了“茶青、茶叶双卡溯源”，通过这两张溯源卡，实现松阳县茶叶从种植到销售环节的全程可追溯。目前“茶叶溯源卡”已经基本得到使用，但“茶青溯源卡”正在推广中。德清县的渔产业建立首个智慧渔业的物联网运营服务平台，将零散鱼塘资源组织成规模化科技养殖服务体系，通过人工智能等算法实现 24 小时全程监管，由传统渔业转变成智慧渔业。但对大量松阳县、德清县的农民走访调查发现，部分传统农户的受教育程度较低，农民的文化素质与数字素养较低，难以有效地普及数字化技术，由于数字应用能力较低，不能用数据进行农业生产、农业经营与管理等。如松阳县茶青溯源卡推广较困难，茶农难以由手工记账模式转变为用茶青溯源卡交易。由于农民自身的学习力较差，数字技术的学习应用效果也较差，同时又缺乏数字化技能培训与宣传，导致无法充分利用数字技术对生产进行精准决策。

（三）技术规范和管理规范缺乏

数字农业、垃圾分类智能化，以及乡村治理“村情通”的使用都需要依托数字技术，如大数据、云计算、人工智能，其中必定涉及大量数据的采集和使用问题。通过调查发现，虽然乡村在各个方面已经逐步实现数字化，但是都缺乏相应的技术规范和管理规范，使得数字农业、垃圾分类智能化，以及数字化乡村治理等各方面管理工作不到位，标准化模式难以形成。同时数字技术运用到各产业可能产生的技术风险没有形成技术规范体系，对于生产和管理的相关信息收集、传输和整合还没有形成具体的管理规范体系，以及能够覆盖的采集范围有限，数据缺乏准确性和客观性，加之数据孤岛的存在，也不利于信息的有效整合，缺乏信息数据共享平台，这在一定程度上限制了乡村治理数字化发展。

（四）法律制度不完善

通过对浙江各乡村的村规民约调查发现，现有的农村基层法律、法规和制度的更新仍然滞后于乡村治理数字化的现实需求，同时多数法律、法规和制度从原则层面加以规定，缺乏现实针对性、可操作性。虽然村规民约不具备法律效力，但却有浓厚的地方特色，对当地乡村治理具有强烈的约束力。其中杭州萧山区众联村的村规民约有着鲜明的时代特色，从五个方面对村民行为进行规范，分别是和睦邻里、和煦村庄、和谐社会、和善村民、和美家庭。对村民垃圾分类、出租房管理、破坏山林资源等行为都进行了规定。但绝大多数村庄的村规民约并没有跟上当地乡村治理数字化的步伐，没有进行及时更新，仍然停留在邻里纠纷解决。

在乡村治理数字化过程中存在大量的数据，数据所有权、数据管理者的责任和义务、数据共享界限、数据开放标准、数据安全保障等问题尚未在法律层面进行界定，使得乡村治理主体在参与乡村治理过程中畏首畏尾，减缓了乡村治理数字化的进程。

三、提升浙江乡村数字化治理的对策建议

（一）加大财政资金投入，完善数字化基础设施

数字化基础设施是实现乡村治理数字化的基础和条件，也是缩小城乡“数字鸿沟”的关键。完善农村数字化基础设施需从两个方面着手：第一，大力推进农村信息基础设施建设。加快推进光纤网络和4G网络在农村及偏远地区的深度覆盖。为解决通信运营商在农村及偏远地区建设通信网络的消极性，政府可设立信息基础设施基金，以明确补贴的形式分配给建设信息基础设施高成本的农村地区，用于支持电信运营商在农村地区通信和4G网络的建设。第二，加快推进大数据、区块链、应用程序接口、人工智能等数字技术在农业生产经营和乡村治理领域的应用和示范，尤其是在农村生产经营方面，需加强数字农业科技创新数据与平台集成与服务，加快农业人工智能研发应用，实施农业机器人发展战略，熟化推广一批典型模式和范例，使数字化成果遍及中国乡村。

（二）突出治理结构扁平化，健全乡村治理数字化持续运营机制

传统的乡村治理是“金字塔状的管控型治理”，政府是乡村治理的唯一主体，在乡村治理过程中集乡村数据收集、应用、管理权力于一身，将其他社会主体排除在乡村治理结构之外。现在的乡村治理由“金字塔状的管控型治理”转变为“扁平式零缝隙服务型治理”，将企事业单位、社会组织和村民等社会主体也纳入乡村治理结构中，通过政府购买服务、PPP、项目经费支持等形式，引导第三方企业参与乡村治理数字化数据采集、平台建设和改造、运营维护和更新升级，同时也能将企事业单位和社会组织所掌握的经济、科技、教育、环境、卫生等信息资源与基层政府的政务信息资源相融合，构建一个共享共用的“智慧村庄”综合管理服务平台，打破“信息孤岛”“信息壁垒”问题。如浙江省

龙游县的“村情通”系统接入户籍办理、计生办理、不动产办理等政务审批服务，工会、共青团、妇联、残联等群团组织的帮扶解困项目以及农商银行信用贷款等金融服务。通过网格化治理服务，让党政、群团、企业等管理服务资源扁平化面对群众，实现农民办事自主选择、按需点单，并实现“在线办事、指尖办事”。

（三）防范技术风险，构建乡村数字化治理的“技术规范”体系

1. 防范技术的物理风险。技术标准的统一和兼容是技术应用的前提和基础，应根据人工智能、区块链、大数据等各项技术的特征，从基础标准、应用标准、管理标准等方面寻求突破，制订技术规则，防范技术的物理风险。

2. 消除技术的人为风险。第一，遵从技术伦理规范。技术企业在推进技术应用时应平衡利益和社会责任，遵循必要的技术伦理规范。技术开发工程师在设计软件系统时应尽量遵循“奥卡姆剃刀原则”（如无必要，勿增实体），即尽可能少地收集用户的数据。第二，建立审查机制，开展安全评估。在大数据的数据收集环节、数据存储环节、数据加工环节、数据使用环节中要进行全面、充分的安全评估，建立切实可行的审查机制。解决数据由于资源垄断致使数据的运算逻辑、样本特征等不为外人所知导致得出的数据难以进行验证和评估的问题，并且有效防范技术歧视和技术暴政。

（四）加强乡村数字化管理，构建乡村治理数字化“管理规范”体系

1. 强化数据采集管理。一是扩大数据采集人员，在村庄建立以网格员为基础的“3＋N”数据采集体系，“3”是指一个网格长、一个专职网格员、一个兼职网格员，“N”是指掌上电脑（PDA）采集、数据报送、业务生产等多种采集方式，实现专业高效的全时段、全地域的数据采集。二是拓宽数据采集渠道，政府部门和企事业单位的窗口人员也可以使用高拍仪、扫描仪和读卡器等采集业务数据，网管人员还可以通过浏览网站网页、社区论坛、贴吧等网络空间采集网络数据，同时在农业生产管理方面，利用地面观测、传感器、遥感和地理信息技术等实现实时采集数据。

2. 制订数据标准规范。乡村治理数字化过程中存在大量的“数据活动”行为，为提高乡村数字治理的规范化和制度化，必须对“数据活动”的各个过程加以规定，如在法律、法规层面对数据所有权、数据管理者的责任和义务等方面加以规定。基层政府、企事业单位和社会组织需要制定严格的数据保密制度，要把好入口关，开启实名认证程序，各乡镇还要制定数据管理人员考核办法，对其采集数据予以监控和核查，使数据活动在法律的边界内。政府与其他治理主体在数据共享使用的过程中，应明确数据权限关系，善于运用“数据脱敏”技术来保护村民的敏感信息与个人隐私。同时要在法律、法规层面规范数据隐私，制度层面规范数据使用，在保证数据安全的基础上进行数据共享使用，保障乡村治理主体的利益。

加快制定一套完善的数据标准体系，对乡村数据进行分类、编码，采用标准的目录、数据元及表示方法，规范数据的格式、单位和指标，统一数据采集储存、处理应用、开

放共享、技术接口、交换接口、访问接口、安全保密等关键共性标准。

统筹建设农业自然资源、重要农业种质资源、农村集体资产、农村宅基地、农户和新型农业经营主体等五类大数据，形成农业农村基础数据资源体系，为乡村治理数字化提供数据支撑。同时在实现村级事务治理数字化中，如利用大数据、区块链技术实现党务、村务、财务“三务公开”和构建统一的“智慧村庄”综合管理服务平台等方面的数据管理必须遵照数据标准规范，以实现村级事务数字化管理的规范化。

3. 细化村规民约。在乡村治理数字化的时代背景下，考虑农村发生的新变化和产生的新问题，以合法性为底线，进一步完善村规民约，使具有地方特色的村规民约与乡村治理法律、法规形成强烈的互补作用，增强乡村治理相关法律、法规的现实针对性和可操作性。

4. 增强各类主体的法治意识。提高村民的法治意识，需增加农村地区的普法和法治文化活动，充分发挥人民调解制度，为农民提供相关法律服务。基层政府应利用数字化技术塔建法律智慧平台，如网上调解、微法院、微检察，为村民提供更加便捷的法律服务。各级党委和政府要善于运用法治思维和法治方式推进乡村振兴工作，严格执行现行涉农法律法规，在规划编制、项目安排、资金使用、监督管理等方面，提高规范化、制度化、法治化水平。为实现乡村治理数字化、各个环节监督管理的规范化，可以设立监测应用平台，它具备服务敏捷部署、资源动态分配的支撑能力，是实现乡村治理数字化的基础设施。通过区域化系统管理、分级进行权限管理、省市县级分别管理辖区数据的方式，让村民参与到乡村的管理与建设中来。推广村级事务“阳光公开”监管平台，推进村级事务即时公开，加强群众对村级权力的有效监督。

绿色考核助推山区县经济高质量发展

——以开化县为例

王凤婷*

绿色考核是推进我国生态文明建设和经济高质量发展的重要举措，并已在全国近 1/3 县（市）开展试点实施。生态环境问题已经成为影响中国经济可持续发展的一块最大短板，原有唯 GDP 的考核模式实践证明不可持续。GDP 增速作为政府绩效考核已近 40 年，该考核模式带来的环境破坏、资源过度开发和债务增长等问题日益严峻，政绩考核模式亟待改进。同时，在人民群众对美好生态环境需求日益增长的背景下，中共中央、国务院和国家发展改革委等部门于 2013 年联合出台了绿色考核制度。绿色考核实施区域是全国限制开发区域，考核目标是通过经济社会发展评价考核体系的完善，更加全面地衡量发展的质量和效益，在改善环境质量的同时兼顾经济效应，考核主要做法是所在县域取消或降低 GDP 总量作为县域考核指标，改为以环境质量提升、生态保护成效、民生发展等为考核指标。国家层面构建政绩考核的顶层制度体系并引导部分地区试点，在此引导下全国各地结合区域资源禀赋和经济社会发展条件开展绿色考核探索和实践，中央根据各行政下级绿色考核成效实施奖惩，形成中央-省级-县级等三级联动的考核制度。绿色考核制度最先在浙江省开化县、淳安县开展试点，此后，绿色考核制度在河南省、安徽省和海南省等其他地区试点推进。河南省实行分区绿色考核，以功能区定位不同确定其绿色考核比重；安徽省整省推进生态建设，产业发展模式向生态经济和绿色产业转变。截至 2022 年 3 月，全国有 1/3 县域（673 个）试点或实施了绿色考核制度。

2013 年浙江省开化县作为我国绿色考核首批试点地区，同时，也是浙江省县域经济高质量发展的 26 个山区县之一，如何借助绿色考核推动县域经济高质量发展是当前迫切需要解决和回答的现实问题。开化县绿色发展先天基础优势明显，2014 年开化县成为国家主体功能区建设试点地区，2016 年又被确定为国家重点生态功能区，同时还是长三角地区国家公园唯一试点县、浙江母亲河钱塘江的源头地区。近 5 年来，开化县结合区域资源禀赋和经济社会发展条件积极开展绿色政绩考核探索和实践，并对开化经济、社会、生态环境等方面产生一定影响，同时制度推进过程中也存在一些问题。本研究拟通过 2021 年 7—8 月对开化县的实地调研数据及资料，对开化县绿色考核实施办法的演变、绿

---

* 作者简介：王凤婷，浙江农林大学浙江省乡村振兴研究院研究人员、博士。

色考核制度实施现状、存在问题等内容进行考察，在此基础上，提出开化县绿色考核制度优化的对策建议，促进开化县绿色考核可持续发展，同时，也为浙江省 26 个山区县跨越式高质量发展提供决策参考。

一、现状及成效

实施绿色考核政策 5 年以来，开化县经济社会、生态环境得到显著提高。开化县实施绿色考核前 1 年（2012 年），经济发展指标方面，2012 年全县生产总值为 94.84 亿元，人均地区生产总值为 26 672 元，一产、二产、三产三次产业结构之比为 12.6：47.2：40.2。社会民生方面，城镇常住居民人均可支配收入 21 414 元，农村居民人均纯收入 10 594 元。环境发展成效方面，2012 年全县出境水水质均达到Ⅱ类标准以上，县城空气质量有效监测天数为 344 天，空气质量指数 AQI 达标天数为 342 天，空气质量优良率为 99.4%。PM2.5 浓度均值为 26 微克/立方米。绿色考核实施第五年（2020 年），开化县在经济和生态环境协调发展方面取得初步成效，尤其是生态环境质量提升方面。其中，经济发展指标方面，2020 年开化县全县生产总值达 131.99 亿元，全县人均生产总值为 57 512 元，对比绿色考核实施前发展水平，考核后开化县全县生产总值比绿色考核前 1 年增加了 37.16 亿元，考核后开化县人均生产总值比考核前增长了 1.2 倍。一、二、三产三次产业结构之比调整为 9.3：35.7：55，相对绿色考核实施前 1 年，开化县三产比重增幅达 15%，由此来看，绿色考核实施对开化产业结构影响较大，具体表现为三次产业结构取得了明显优化。社会民生方面，居民人均可支配收入 26 857 元，城镇、农村常住居民人均可支配收入分别为 37 762、19 001 元，相对考核前分别增长了 76%、79%。生态环境发展成效方面，2020 年开化县出境水Ⅱ类水质及以上占比达 98.1%，与绿色考核前基本相当。空气质量有效监测天数 357 天，其中，AQI 达标天数 347 天，AQI 优良率为 97.2%。县城 PM2.5 浓度均值为 23 微克/立方米，低于国家二级标准年均浓度（35 微克/立方米），与绿色考核前 2015 年相比，开化县城 PM2.5 浓度下降了 3 微克/立方米，下降幅度为 10.3%。总体而言，从空气、水等生态环境要素的变化来看，绿色考核制度的实施改善了开化县生态环境质量。

由此来看，仅从绿色考核前后差分视角来看，绿色考核对开化经济、社会民生和生态环境治理发挥了积极的作用。绿色考核制度实施后，短期内经济影响是正向的，绿色考核对经济发展的促进作用正是践行了绿水青山就是金山银山的发展理念，将生态环境优势转化为经济发展引擎力。绿色考核对区域社会民生的影响主要体现在带动就业，提高居民非农收入比重，这和绿色考核带来的地方产业结构变化相吻合，绿色考核制度实施使得地方发展更重视生态环境，进而带动生态旅游，相应的餐饮、观光、住宿等第三产业蓬勃发展，解决或吸纳了当地的劳动力。绿色考核对生态环境质量有显著的提质增效作用，这和制度实施的预期目标一致。绿色考核对生态环境的正向影响来自两方面，一方面是考核本身实施要求产业转向更绿色化，进而，环境污染减少。另一方面，绿色考核每年评估考核结果和财政奖补挂钩，生态环境改善会有更多的财政奖励投入到生态环境维护和发展中，因而，生态环境发展进入良性循环。

二、主要的做法

绿色考核实施以来，开化县在经济、社会和生态环境方面的发展成效均得益于不断改进的考核办法，因此，有必要对开化绿色考核制度主要做法、取得经验以及奖惩激励措施进行总结，以便发现制度实施过程中存在的问题，同时，也为其他区域绿色考核制度实施提供部分成功的经验借鉴。

（一）开化县绿色考核考核办法、考核内容

浙江省对开化县政府绩效考核办法采取自上而下的方式，省对县域考核，县再对下属乡镇、工业园区考核。开化县绿色考核自 2013 年提出，2015 年制定考核办法，逐年实施，下一年对上一年就考核内容、考核分值不断进行修改完善，使县域绿色考核内容更有针对性。具体表现为，在省市考核结果运用的基础上，县对乡镇部门的绿色考评细则不断完善，不断增加生态文明考核考项［如生态创优（包括土地、空气、水）、五水共治、钱江源国家公园体制试点、开化水库、山水林田湖治理修复等］。至此，2020 年绿色考核办法已较为完善。

2020 年浙江省对开化县的绿色考核办法如下，考评分由基本分、附加分、倒扣分三部分组成，考评总分＝基本分＋附加分－倒扣分。绿色考核基本分涉及总体水平、绿色发展、社会发展、生态保护、重大决策落实情况等五个维度，2020 年五个维度权重分别为 16%、24%、18%、22%、20%，每个维度权重根据国家战略、参与考评县域发展重点年度进行调整。附加分主要指是否受中央、国务院表彰肯定，是否受省委、省政府表彰肯定。扣分主要涵盖金融生态环境、地方政府债务重大违约、重大生态环境破坏事件、重大安全卫生事件、重大失约等内容指标。

上述每项指标分配相应的责任单位或部门，各指标单位按要求核算相关指标增幅和存量数据。具体评分办法如下，基本分中每个维度指标包括发展性指标和约束性指标两类，指标分总分为 100 分，约束性指标评分计分办法是若指标达到目标值，赋相应指标分分值，未达目标值的，按评分细则扣分。而发展性指标则按基本分 50%赋分，在此基础上，各指标责任单位根据实际，设置增幅和存量水平考核赋分比例。工作奖惩考核则不限制总分，具体得分由考核分配的责任单位对照评分细则扣分、加分。

开化县对各乡镇、工业园区采取综合争先考核办法。考虑到各乡镇经济基础、区域特色和功能定位等经济社会发展实际的异质性，将考核乡镇分为三个方阵：中心乡镇、工业乡镇、生态环境乡镇，工业园区单列考核。每年年终对各考核对象进行考评总分核算，根据考核结果给予相应的奖惩。县对乡镇考核评分总分构成和省对县考核一致，由基本分、附加分和倒扣分三部分组成，不同的是县对乡镇考核基本分构成有所差异，由

经济发展、生态家园建设、基层基础三个维度组成。为了提高考核结果合理性，三个维度包含的具体指标根据乡镇资源禀赋、发展情况进行调整。

（二）开化县绿色考核奖惩机制

上述考核年底进行核算，据此进行考核奖励和处罚。绿色考核结果和县、乡镇层面涉及单位或个人物质奖励、政治奖励挂钩。考核奖励由得分奖和综合先进奖两部分组成，得分奖奖励对象为乡镇、工业园区在编在职干部，奖励分配多寡以岗位系数为参照。综合先进奖奖励对象为在职乡镇、工业园区正职以及在职实职副科人员，奖励形式包括荣誉和奖金，获得综合先进奖正职人员年度考核直接评定为“优秀”等次，获得此奖公务员个人年度考核优秀等次比例提高到20%。奖金额度上，乡镇人大主席、政协工委主任综合先进奖奖金按党政正职85%比例计发，其他班子成员按党政正职的70%比例计发。

反之，如果考核没有达标，则要接受一定的处罚，采取的处罚措施主要有总分和分项分处罚。从总分处罚来看，考核得分总分没有达到150分的县两委当年不参与升职申请，县领导班子当年不得参与个人考核，直接取消该单位的考核评优评先等次。此外，考核得分还面临分项扣分，扣分涉及事项包括破坏金融生态环境事件、地方政府债务重大违约事件、重大环境污染和生态破坏事件、重大产品或服务质量及食品药品安全事件、重大生产安全事故、重大公共卫生安全事件、重大失约事件以及在全国全社会产生恶劣影响的其他事件等，根据事件或事故程度不同进行扣分。

三、存在的问题

绿色考核在部分县域存在流于形式的问题，而且，绿色考核在不同区域影响呈现两极分化现象。同时，作为影响政策目标实现程度最大的地方政府行为存在显著差异，进而导致政策在不同县域实施效果走向两极。2016—2021年《生态文明建设年度评价结果公报》统计资料表明，部分县域政策实施后，由于考核标准没有硬性规定，在财政分权背景下，地方政府更倾向以地区经济发展为导向的考核模式，使得其政府绩效考核指标虽有环境和社会保障成分，但具体指标得分机制仍设置为“GDP锦标赛”的竞次氛围。而且，绿色考核制度实施后，部分区域经济和环境发展状况不容乐观，甚至呈倒退趋势。此外，部分县域在政策实施过程中存在政府投资决策行为积极性不高，对政策执行偏差问题缺乏重视。长此以往，生态环境和经济发展失衡问题日益严峻，生态环境与经济社会协调发展领域的“政府失灵”问题突出，经济与环境发展面临双重困境。

从绿色考核典型试点县域开化县来看，其绿色考核实施经过近五年的发展取得了显著的成效，做法在实践中不断完善，但该制度实施中也存在一些问题，对其进行深入剖析探究可为制度的优化设计提供决策参考。

（1）县对下属乡镇考核与县级层面考核重点错位，乡镇政绩考核依然以经济指标为主，生态环境绿色比重较低，绿色考核名实不符。县级层面考核指标中，生态环境类别指标考核占比接近一半（48%），而县对乡镇考核指标生态环境类指标仅占不到20%，乡镇政府绩效考核依然以经济指标为主，乡镇层面政绩考核普遍强调经济发展，尤其是招商引资、上级产业项目资金等经济增长指标。考核模式并非名义上的绿色考核，使得绿色考核制度不能由上而下一贯执行，进而，导致绿色考核制度绿色化转型发展与改革不彻底。

（2）绿色考核中生态指标核算在指标体系设置的合理性有待商榷。目前，所有考核指标以增量为主，不关注指标存量。浙江省对山区 26 县发展实绩考核办法规定，在指标的分数测算形式上要以增量为主、存量为辅，但在生态文明考核指标中却未能很好体现。开化县县级层面生态环境类指标基数存量数值在 26 县中较高，其绿色发展成效在考核指标中却难以得到体现，长此以往会降低上下级政府绩效考核积极性，甚至出现由于缺乏经费支撑而出现逆向发展。而且，只考核增量不考核存量难以发挥不同考核对象之间、不同考核区域之间的区分度。同时，生态指标值基数大，增量空间小，不同乡镇之间拉不开差距，导致考核区域向经济指标集中。因此，自下而上的考核模式体现在县级层面和乡镇层面的生态考核指标不一致，总的来说，生态考核指标存在存量和增量不均衡问题。

（3）绿色考核指标区域间自然因素动态演变。受自然因素影响，例如，上下游水流、风向等因素，对考核对象考核指标值产生明显误差。例如，尽管开化县整体上呈现良好的空气质量以及对污染源的有效治理，但是在秋冬季节，伴随北方输入性污染的影响，环境空气质量会出现一定程度的下降，甚至出现个别污染天气，即周边县域空气污染物流入开化，导致开化县生态指标考核增量值比实际增量值低甚至没有增量，影响该地区绿色考评成绩。特别是与丽水和沿海地区相比，由于地理区位影响，输入性污染对这些地区影响相对较小（丽水输入性较小，沿海地区扩散条件更好）。因而，建议在市级层面或省级层面对整体生态类指标内涵进行解释时，将诸如上下游输入性污染等自然因素动态性纳入考虑，减少指标核算的误差。

四、对策建议

根据开化县实施绿色考核发展现状、绿色考核实施过程中存在的问题，为了促进绿色考核在试点实施地区可持续发展，对县域经济高质量发展发挥更多助力，提出以下三点对策建议：

（1）绿色考核制度需将自上而下和自下而上相结合，加强考核制度的激励性。绿色考核制度考核指标的设置要提高由省市到县、县到乡镇、乡镇再到村自上而下考核导向一致性，考核重点年际间保持一定的延续性。而在考核执行时，要遵循由村、乡镇基层向县、市、省自下而上的考核制度行动落实的主动性、制度执行的准确性。省市层面绿色考核指标设定对县市层面政策贯彻有指导性，同时，也要注意增强指标区域性，符合区域社会经济生态环境发展特征。特别要注意的是，要加强乡镇、村等基层组织考核办法与上级考核办法制定的契合度，避免出现上级政策的改革调整，在层层下放过程中出现偏差，导致政策偏离预期目标。绿色考核制度执行过程中，要严格执行考核办法，充分发挥制度激励功能，促进各行政层级纵向联动，提高制度落实、制度执行的成效。

（2）处理好考核指标存量与增量的关系，提高考核指标的激励作用。考核基本分构成中，经济、社会发展、绿色发展、生态环境保护等类别增设存量指标考核，尤其是增量空间小、存量基数大的类别指标，例如生态环境保护类所涉及的指标。结合区域资源环境禀赋、社会经济发展基础，设定存量指标分类门槛得分，增加生态环境状态分。增强存量指标门槛设定，附加分中纳入激励机制，例如，对于增量空间小、存量基数类别考核指标增设存量指标某一门槛或某一范围保持奖励分，以此提高不同行政层级政府或职能部门维持现有绿色考核成效的主动性和积极性，进一步提升绿色考核区域经济、社会和生态环境综合成效，进而，促进县域经济高质量发展。

（3）构建绿色考核指标体系动态调整机制。根据参与绿色考核区域的区位特征，将区域间气温、水文、风沙等自然因素对本地区考核指标的影响纳入统计或考核范畴，强化指标评价和核算的科学性。利用气象信息、地理信息系统GIS、遥感等大数据技术与平台，构建不同县域、乡镇以及村级尺度考核指标动态轨迹监测数据库，并且使用该数据库核算不同区域指标考核原始值和修正值，进一步增强绿色考核指标的科学性和动态性。

浙江省农村人居环境整治的农户融入机制及政策路径

李博伟*

一、农户融入人居环境整治的现状

课题组于 2021 年 5 月对浙江省杭州市临安区昌化、於潜和湍口三镇农户的人居环境整治参与情况及治理效果展开实地调研，共获取 114 个有效农户样本。

（一）农村厕所革命

农村厕所粪污治理是中国农村人居环境整治的难点之一，目前的研究主要集中在农村厕所革命的意义、农村厕所改造的现状调查、存在的问题、采取的措施以及厕所系统和技术等方面。在厕所改造中，被采访的 114 户农户中，有 4 户农户家中还未安装抽水马桶。其中 2 户农户表示愿意花 500 元改造家中厕所，1 户农户表示愿意花 200 元改造家中厕所，1 户农户意愿不详。在满意程度调查中，被采访的 114 户农户中，有 67 户农户表示对生活垃圾治理这项工程非常满意；36 户农户表示对厕所革命工程比较满意，3 户农户表示对厕所革命工程满意程度一般，3 户农户表示对厕所革命工程不满意，1 户农户表示对厕所革命工程非常不满意。已经完成厕所改造的 110 户农户中，2000 年之前完成的占比 10.91%，2001—2010 年完成的占比 38.18%，2011—2020 年完成的占比 50.91%，如图 1 所示。

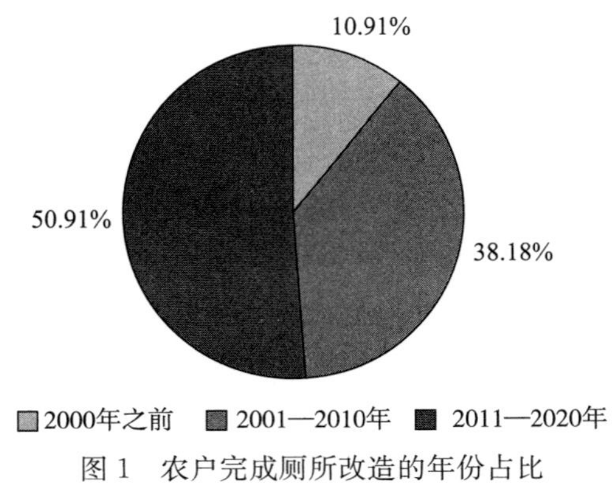

图 1　农户完成厕所改造的年份占比

---

* 作者简介：李博伟，浙江农林大学浙江省乡村振兴研究院研究人员、博士。

（二）生活污水处理

农村生活污水处理是中国农村人居环境整治的瓶颈，而制约我国农村污水处理的关键是生活污水治理设施和治理技术的缺乏。从调研现状来看，样本的 6 个村均实施了污水治理工程。在 117 个总样本农户中，有 109 户农户表示通过政府主导的公共工程完成了家中的污水处理；3 户农户表示通过参与政府主导的公共工程完成了污水改造，其中 1 户农户的参与方式为在公共工程中出工，共获得工资 4 800 元；其他 2 户农户参与方式为统筹或监督工程实施，1 户农户表示是通过自建方式完成自家的污水处理工程，还有 1 户农户表示自家还未完成污水处理工程。具体见图 2。

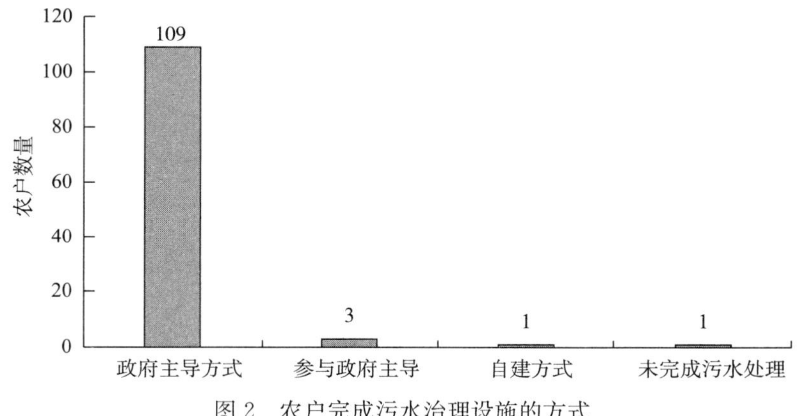

图 2　农户完成污水治理设施的方式

（三）生活垃圾

生活垃圾治理中，样本 6 个村均实施了垃圾治理工程。在该项目满意程度调查中，其中有 60 户农户表示对生活垃圾治理工程非常满意，46 户农户表示对生活垃圾治理工程比较满意，8 户农户表示对生活垃圾治理工程满意程度一般。具体见图 3。

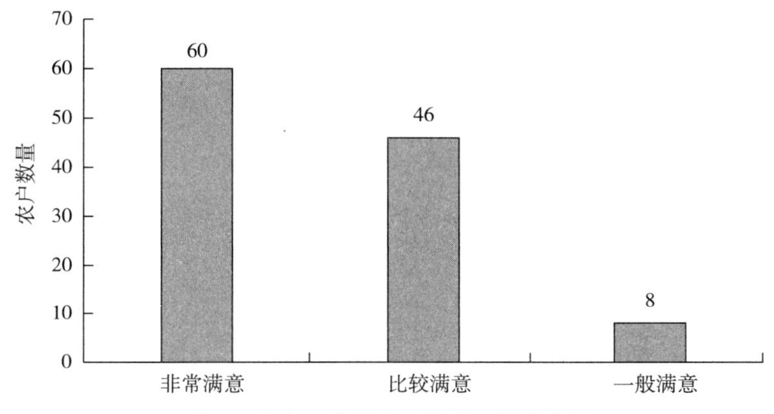

图 3　农户对生活垃圾治理工程满意度

（四）村容村貌

农村村容村貌的整治既要体现出现代社会发展的特点，更要尊重历史文化的传承和民众的意愿，保留乡风民俗，成为中国乡村振兴战略的亮点之一。在村容村貌整治工程中，样本的 6 个村庄同样均实施了村容村貌整治工程。在满意程度调查中，有 65 户农户表示对村容村貌整治工程非常满意；37 户农户表示对村容村貌整治工程比较满意；10 户农户表示对村容村貌整治工程满意程度一般；1 户农户表示对村容村貌整治工程不满意；1 户农户表示对村容村貌整治工程非常不满意。具体见图 4。

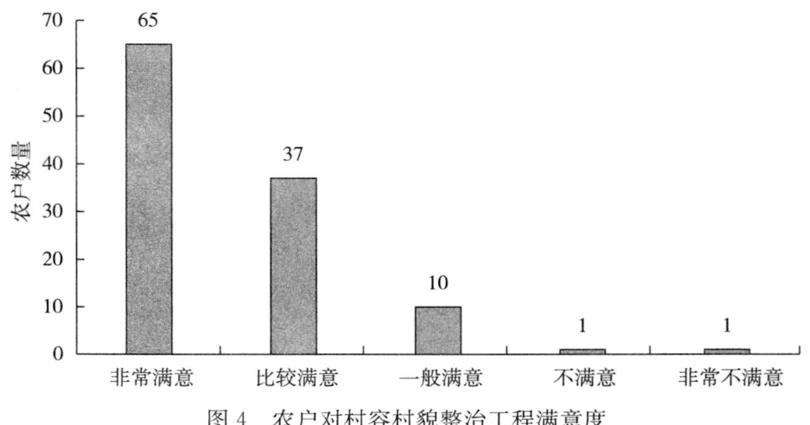

图 4　农户对村容村貌整治工程满意度

此外，绝大部分村庄均在村庄规划、村容整洁、道路交通、提升乡规民约和提升文化氛围（如图书室、电影下乡、文化礼堂等）等方面进行了全面整治。最后，在村容村貌整治的完成方式方面，95 户农户表示是完全由政府主导的公共工程（政府出钱出力，农户只享受成果）；14 户农户表示是参与政府主导的公共工程；5 户农户是通过其他方式完成自家的村容村貌改造。具体见图 5。

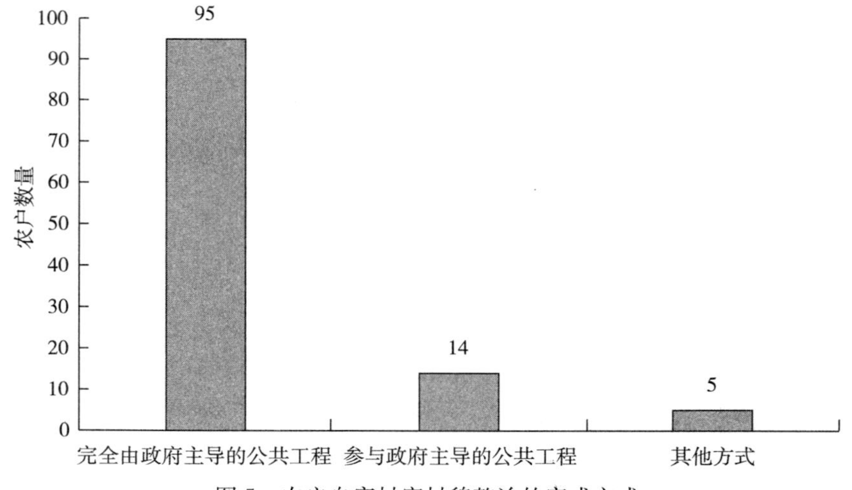

图 5　农户自家村容村貌整治的完成方式

二、农户融入人居环境整治过程中存在的现实问题

（一）总体驱动不足

在经济补偿力度不足、缺乏相对应的社会规范、绩效考核制度缺失、农户环保意识淡薄等多种因素共同作用下，导致农户、政府和市场主体协作共治的局面尚未形成。

（二）激励方式单一

激励方式主要分为物质激励和精神激励。现有的物质激励方式主要是补贴，比如农资包装袋回收，缺少其他物质激励方式，比如创造就业、承包工程等，单纯依靠补贴的激励作用有限，因为补贴额度本身就很低，高收入农户或者非农就业多的农户难以受到激励。精神激励方面，当今社会经济急速发展，物质生活极大丰富，人们在对于物质的追求获得了较大满足，因而精神上的满足可能会创造出更强大的动力。精神激励通过组织成员集体感、荣誉感的提升，调动起积极性和主动性，进而激发成员将其主观能动性转化为现实生产力，最终实现组织目标。

（三）农户意识薄弱

在很多农村居民的潜意识中，人居环境整治并不能产生实际效益，认为打扫卫生属于形象工程，是政府的政绩工程，平常开展的整治工作只要能够应付检查就可以了，没必要下大力气进行维护和保持。而且，由于多数农民长期居住在农村地区，信息相对闭塞和落后，在他们看来农村环境差是理所当然的事情，认为农村居民本来受教育的程度就不高，综合素质低，祖祖辈辈都生活在这样的环境中也没有什么影响，思维还保持在传统的模式上，因此对于环境整治工作的热情不高、参与度也不高。大部分人口流向城市后，农村地区的居民大多数为老年人以及弱势群体，这部分人群具有学历低，环保意识较弱的特点，针对农村人居环境建设工作的贡献不大，同时缺乏参与农村人居环境改善工作的热情。除了这些原因以外，农村居民尚未建立起新的治理观念，长期受到老旧思想以及行为习惯的影响，很多情况下，他们没有树立主人公意识，不愿主动参与农村人居环境治理工作。同时，无心配合政府提出的环境治理措施。

（四）农户与其他治理参与主体协作不足

农户和其他治理参与主体间存在的信息不对称导致治理效率下降，比如在农村人居环境治理工作实际开展过程中，由于农村居民文化水平有限，工作的开展主要依赖当地政府的大包大揽，形成了“政府在干，群众在看”的局面。而本来人居环境较差的村庄，更成为了重灾区。当地居民缺乏工作热情，或根本上不愿意参与，更不愿配合政府提出的治理措施，造成农村人居环境治理效果不明显，影响工作进程。其实农户和其他治理

参与主体间存在利益分配问题。农户从人居环境整治中获得的利益主要是长期收益，即通过人居环境整治能够有效改善居住环境，有利于身体和精神健康，有利于全面提升农民的福祉水平，但是整治工程实施产生的经济收益往往由承包工程的市场主体获得，农户很难从治理工程中获得短期收益，尤其是经济收益，进而导致农户与其他主体协作的积极性下降，甚至会对其他治理主体产生抵触情绪。

三、政策建议

（一）针对总体驱动不足，需要建立经济补偿、社会规范、绩效考核和协作共治的四维联动的农户参与驱动机制

经济补偿方式不能局限于补贴，还要增加其他形式诸如就业机会等；社会规范是法律法规之外约束农户行为的重要工具，在一个群体中，它暗含着哪些行为是可以接受的，哪些行为是不能被接受的，并带有一定的惩罚机制。一种规范被称为社会规范那么它一定被群体中许多人所认可并被遵守。村干部、村内有威望的人带头参与人居环境整治可以潜移默化地形成人居环境整治的社会规范。同时政府可以设定绩效考核制度，倒逼村内动员农户参与人居环境整治。最后农户、政府、市场主体协作共治，各自发挥优势，形成优势互补。

（二）针对激励方式单一，应当建立激励农户参与人居环境整治的制度体系

制度体系包括物质激励和精神激励。物质激励方面，可以对农资包装废弃物的回收、农户改造危旧房屋等进行补贴，给农户创造就业机会，比如设立上门回收废弃物的回收员、乡村环境保洁员等。还可以把厕所工程和污水治理工程交给有能力的农户承包等。精神激励方面，可以组织开展“红黑榜”“五星级文明户”等选拔活动，旨在以选拔活动为载体，激发农户在农村人居环境整治工作中的能动性。按照“八清一改”要求，全面整治村庄“五乱”“五堆”现象。发动群众开展村庄大扫除活动，全方位清扫村庄。及时通过微信群、村民大会、村（社）公告栏和社区广播等形式将评选结果公布，并在村（社）广场、文化墙等设立“五星级文明户”光荣榜，激励群众转变思想观念，带动更多农户参与其中。

（三）针对农户意识薄弱，应当加强宣传

采用多种农民易于理解和接受的宣传教育方式，如建立村务微信群、广播电视、宣传画册、环保课堂、入户交流等方式，培养农民自觉保护环境、爱护环境的积极性，改变固有的传统观念，摒弃破坏环境的种种陋习，提高广大农民的文明卫生意识，建立村规民约，发挥农民主体作用，积极引导村民参与到环境整治的大潮中，形成干净、卫生、文明、和谐的社会风尚。

（四）针对协作不足，应当建立农村人居环境治理工程的政府、农户和农村基层组织之间的信息公开和合作共商机制以及利益的合理分配机制

协同治理是政府部门、农户和农村基层间共同参与、共同完成工作任务的过程。在农村环境整治工作中根据开展整治工作的实际需要，把有关部门的职能整合在一起，通过协作，共同进行环境整治。推进多组织的协同治理，需要各个参与组织的积极配合。首先对于政府部门来说，要发挥好领导作用，带头做出表率，在整治工作过程中表现积极，努力作为，出台好相应的整治方案，切记方案要明确好任务分工，每项任务都详细到每一个具体的部门，落实好每个主体的工作责任，防止职能交叉时出现彼此推脱互不负责的现象。做好农户的思想工作，进行信息公开。并且和农户以及农村基层组织建立合作共商机制，在整治工作开展的过程当中，要进行充分沟通与对话，要时时勤沟通、事事勤沟通，有任何问题马上协商解决，让整治工作的整体进度得到充分保证，达成彼此之间的有效对接，保障人居环境整治的长效性和可持续性。最后建立人居环境整治的利益共享、风险共担机制。

强村富民研究

全面推进乡村振兴中的乡村义务教育困境及解决对策

孔凡斌　徐彩瑶　陈胜东*

党的十八大以来，我国城乡义务教育一体化得到快速发展，党的十九届五中全会强调要高度重视乡村义务教育，《浙江高质量发展建设共同富裕示范区实施方案（2021—2025年）》明确提出高质量推进县域义务教育均等化。然而，当前我国和浙江省乡村义务教育正普遍面临农村“空心化”的处境，在师资、质量、生源、家庭教育等方面依然存在着不容忽视的严峻问题，给高质量推进城乡义务教育一体化以及“共同富裕示范区”建设带来挑战，也影响着乡村振兴战略的全面推进，亟待寻求破解之策。为此，浙江农林大学和江西财经大学研究团队对当前全面推进乡村振兴和共同富裕示范区建设中乡村义务教育面临的困境及其原因进行系统分析，提出具体对策建议。

一、乡村义务教育面临的困境及其原因

（一）乡村中小学教师人数持续减少与学生生源数量持续下降

一是公办乡村教师人数持续减少。乡村教师数量是体现乡村教育发展的关键，近年来，虽然国家为鼓励教师从事乡村义务教育出台了系列政策，但是全国乡村教师的数量仍呈现持续减少趋势。中国统计年鉴数据显示，2012年全国小学乡村教师人数为227.4万人，至2018年为171.7万人，减少了55.7万人，减少率达24.49%，2019年稍有回升，较前一年增加了近10万人；初中乡村教师则呈现每年减少趋势，2012年全国初中乡村教师总数为76.4万人，至2019年为55.8万人，减少了20.1万人，减少率达26.31%。2012年全国乡村小学生师比为4.55，至2019年上升到5.71，而乡村中学生师比则由2012年的4.69上升到2019年的6.90，乡村教师减少程度明显高于学生，乡村中学尤为显著。2018年浙江省乡村小学专任教师125 275人，生师比为15，略高于全国14.3的平均水平，人数占全国比例为1.69%，低于全省城镇小学专任教师3.44%的占比，全省乡村初中专任教师为64 567人，生师比为15.1，与全国平均水平基本持平，人数占全国比例为2.92%，也低于全省城镇初中专任教师占比3.50%。

---

* 作者简介：孔凡斌，浙江农林大学浙江省乡村振兴研究院首席专家、教授；徐彩瑶，浙江农林大学浙江省乡村振兴研究院研究人员；陈胜东，江西财经大学经济学院副教授。

二是公办中小学生源数量持续下降。中国统计年鉴数据显示，全国乡村儿童随父母进城就读小学生人数从 2013 年开始呈现持续增加趋势，由 2013 年的 930.85 万人增加到 2018 年的 1 048.39 万人，年均增长率达 2.41%，至 2019 年出现减缓势头，为 1 042.03 万人，也超过 2012 年人数。初中生随父母进城就读人数近年来持续增加，2014 年全国共有 339.14 万中学生随父母进城就读，至 2019 年达到 384.93 万人，年均增长率达 2.57%，且增长趋势尤为明显。相应地，乡村学校就读学生人数持续减少。2012 年全国留守乡村学校就读小学生人数为 1 517.88 万人，至 2019 年减少为 925.41 万人，净少 592.47 万人，减少率达 39.03%；初中留乡村学校就读全国人数 2012 年为 753.19 万人，至 2019 年则减少为 459.00 万人，净少 294.19 万人，减少率达 39.06%，减少幅度中小学人数基本持平。2012 年全国中小学农村儿童随父母进城就读与留守农村学校就读比例小学为 68∶100，至 2019 年升为 113∶100，随迁进城小学生人数已经超过了留守农村学校就读人数；而乡村中学这一比例 2012 年为 51∶100，至 2019 年升为 84∶100。2018 年浙江省乡村小学在校人数为 472 829 人，在全国占比为 1.77%，低于全省小学在校生人数占全国 3.49%的占比，全省乡村初中在校生人数为 134 042 人，在全国占比为 2.06%，也低于全省初中在校生人数占全国 3.47%的占比。

三是民办教育兴起进一步压缩公办乡村教育发展空间。民办教育的兴起对于公办乡村教育存在较大影响，中国统计年鉴数据显示，2012 年至 2019 年全国民办教育学校数由 4 333 所增加至 6 228 所，净增 1 895 所，增长 43.73%，年增长率达 5.32%；全国民办教育专任教师人数由 237 902 人持续增加到 508 688 人，净增 270 786 人，7 年内人数增长一倍，年增长率达 11.47%；全国民办教育在校生人数由 4 514 091 人增加到 9 449 051 人，净增 4 934 960 人，增长 109.32%，年增长率达 11.13%。2020 年浙江省民办中小学在校生人数占全省中小学在校生人数比例 14.14%，与 2019 年基本持平；民办学校专任教师数量占比则达 14.60%，且较 2019 年增加了 1 015 人。民办教育尤其是私立中小学校以高薪资吸引公办乡村教育教师，提高师资能力及教育水平，从而吸引周边乡村中小学优质生源，也是导致公办乡村教育教师、学生流失的主要因素。

（二）师资规模缩小与质量降低使得乡村义务教育弱化

一是中小学师资力量在区域间、城乡间存在较大差距。党的十八大以来国家对于教育支出持续增加，中小学专任教师数量及学生在校生人数稳步增加，但存在区域间、城乡间的差距。中国统计年鉴数据显示，经济发达地区中小学师资力量明显高于经济欠发达地区，2019 年初中“生师比”北京市为 8.3，上海市为 10.47，江西省为 16.1（全国最高）；小学“生师比”北京市为 13.58，上海为 13.9，湖南、广西、贵州等省份则均在 18 以上。浙江省初中、小学“生师比”分别为 12.54 和 16.99，处于较高层级。在城乡二元结构的影响下，教育经费、办学条件以及师资力量，在城乡仍存在不均衡现象。

二是乡村中小学教育师资队伍质量不断弱化。乡村中小学教师数量在持续减少。中国统计年鉴数据显示，2012 年至 2019 年全国乡村小学教师减少约 20%，初中乡村教师减少 26%；乡村中小学教师高学历比例小且流失较为严重；江西、湖南、河南、湖北等中部省份乡村小学具有专科学历教师占比为 52%、本科学历占比仅为 11%，乡村中学则分别为 65%和 26%，且本科学历每年流失的比例在 10%左右。不仅如此，还存在比较严重的教师老龄化及教师断层，年轻教师缺乏，年龄结构单一，一些地方乡村学校 50 岁以上教师占比达 48%以上。乡村教育历练已成为一些高学历、有抱负、年轻乡村教师的职业跳板。

（三）乡村教师获得感不强导致乡村教育师资弱化

一是乡村教师身份认同低，被尊重感钝化。乡村教师处于教师队伍边缘地带，发声未受重视，缺少话语权，而“读书无用论”的思想依然严重，使乡村教育遭受质疑，乡村教师的价值和辛勤付出得不到社会认可；城乡教师总体身份认同差异较显著，乡村教师身份认同较低。

二是乡村教师缺乏融入，归属感较弱。青年教师对乡村熟人文化不适应、对异地环境具有较大陌生感，学校及社会组织缺失，社团、集体活动稀缺，使异地乡村教师难以融入当地，教师归属感低；部分乡村教师因乡村环境落后和家庭因素制约，常年居住在城里，导致教师个人归属与乡村学校所在地出现脱节与断裂。

三是乡村教师专业发展路径不畅，职业期待未能实现。调研中发现，乡村教师职称以初、中级为主，往高一级职称评定时具有资格却没有相应指标，评职称时有很多老师都符合评比条件，但因名额不够，引起竞争加剧，教师评比压力也增大，也成为无法吸引新老师的重要原因；乡村教师需要承担无限的责任，却缺乏令其满意的待遇及来自组织与他人的有效帮助，工作过程中还会遭遇家长的不理解和推卸责任的行为，学生家庭情况的复杂使乡村教师对班主任所承担的“无限责任”心生畏惧。

（四）乡村儿童家庭教育和家庭支持呈现弱化趋势

一是父母角色效应弱化，过分依赖学校教育。乡村学校就读学生基本为父母外出务工儿童，造成家庭结构失衡，子女由父母之外的监护人照料，父母角色缺位，使乡村儿童家庭教育缺失，导致家庭教育链条断裂，进而影响到孩子的人格塑造、心理成长、性格养成以及未来发展。调研发现，部分监护人还存在主观性失位，由于无法承接学校教育后的学业辅导任务，把乡村儿童的教育责任全部归于学校，缺少家庭教育责任意识，而实际上学校教育难以弥补家庭教育的缺失，这样就造成了孩子的教育空白，影响孩子全面成长。

二是家庭教育理念落后，乡村儿童容易存在情感缺失。调研发现，乡村家庭中“读书无用论”观念依然存在，部分家长认为孩子只需要认字，或是只需要完成九年义务教育就足够，认为学会一门手艺也能生存下去，家庭教育理念严重滞后。受自身文化素质和思想理念影响，大部分监护人只关心孩子身体健康状况、学习情况、人身安全和物质生活，较少关心孩子的精神生活和情感状况，很少与孩子讨论情感生活，孩子心里有事通常选择闷声不说话或其他不当方式宣泄，情感表达长期受到压抑，长此以往，会表现为内向、孤僻、不合群、敏感或脾气暴躁、过分淘气。

三是重视物质给予轻情感需求，缺乏良好家庭学习环境。在外务工父母多选择以金钱和物质来奖励孩子，其判断标准是孩子成绩的优异与否，成绩好会给孩子发红包或买孩子喜欢的东西，成绩差则批评孩子，缺乏正确的沟通过程。调研中发现，当地乡村孩子缺乏独立的学习空间，多数都是在饭桌上完成家庭作业，饭桌周围存在太多干扰源，使得孩子无法稳定学习且缺乏归属感，导致对学习兴趣不足。

（五）乡村义务教育发展中社会因素产生的困境

一是农民城镇化导致乡村教育生源流失。农民城镇化对乡村教育影响主要体现在家庭城镇化和教育城镇化。一方面，市场能力比较强的农民，在城市找到就业机会、稳住脚跟，从而实现家庭城镇化，子女自然随迁进城读书。另一方面，部分市场能力不足以支撑全家城镇化的家庭也跟着城镇化，因此，以家庭和教育为媒介，以代际分工为基础的“半工半耕”成为城镇化的主要资源集聚方式，形成年轻男子在发达地区务工、爷爷在附近城镇务工、奶奶在家务农和媳妇在城里带娃读书的家庭生存结构，是目前乡村教育生源流失的主要原因。

二是乡村教师住教分离导致教师主人翁意识淡薄。以前的乡村教师基本以家庭为单位居住在校园内，生活和教育教学一体化；现阶段乡村教师基本上在县城购买了住房，学校提供值班宿舍，以居住在城市、工作在乡村为主要形式，形成住教分离局面，教师生活重心进了城，自然挤占了教育教学的时空，教师在所任教的乡村学校难以形成强烈的主人翁意识，进城、调往县城学校是大多数乡村教师的愿望。

三是城乡关系深度发展导致乡村义务教育衰败。城乡发展过程中产生的差距使城市不仅吸纳了乡村优秀教师，也使得乡村教师住教分离进一步加剧，削弱了乡村教育的师资力量；市场能力比较强的农民优先进城，削弱了乡村教育学生的生源质量；面对城镇化与现代化的浪潮，那些市场能力不足的农民家庭婚姻风险增大，进一步削弱了乡村学生的社会支持。

二、发展乡村义务教育的对策建议

（一）重新界定乡村义务教育的功能定位

一是明确乡村义务教育重心在于兜底，而不是培养精英。城镇化竞争过程中对于留守乡村学校就读的这些处于劣势家庭的弱势儿童的教育，不是一种精英教育，而是一种兜底教育。不能以升学率、培养几个学习成绩优秀的学生等智力精英教育为目标，要相对弱化学习成绩的考评权重，重点关注学生的行为习惯矫正、思想品质提升等，加强德体美劳等素质的发展，重视学生在学校所取得的进步过程评价等，以培养健康的未来公民为目标。

二是乡村义务教育教学内容要与乡村生活现实结合。我国教育教学课本基本实行城乡教育一体化，课程教学内容及话语表达方式带有明显的城市取向，把“到城市去”塑造为乡村青少年美好生活的前景。乡村教育教学内容应把多元化的乡村传统文化和地方性知识融入进来，把乡土情怀和民间叙事植入教育过程，实现乡村教育与乡村生活现实相结合，打通教育与本土生活的隔阂，促进乡村教师与地方民众在教育的价值内涵上达成共识，促进教师、学生乡土情怀的产生。

三是将乡村义务教育发展列为乡村振兴和“共同富裕示范区”建设的重要内容。在乡村振兴规划和“共同富裕示范区”建设规划中优先规划教育，将优先办好浙江省26个山区县乡村学校作为乡村振兴和建成高质量教育体系的首要任务，将乡村教育作为乡村振兴和共同富裕示范区首要公共事业；借助共同富裕示范区建设和全面推进乡村振兴战略背景，整合全社会教育资源，拓展乡村教育资源，盘活闲置的乡村校舍资源，合理布局乡村学校，保留必要的村小和教学点；落实教育优先发展，将乡村教育作为教育财政投入的重中之重；构建符合乡村教育实际的评价体系，将乡村振兴和共同富裕示范区建设考核与乡村学校评价有机结合起来。

（二）营造乡村义务教育师资队伍建设的良好环境

一是改善工作环境增强乡村教师归属感。制定教师住房优惠政策，优先建设山区县农村边远艰苦地区学校教师周转房，解决乡村教师住教分离加剧的问题，让教师安心在农村执教；增强对乡村教师人文关怀，本着以人为本的理念为教师解决心灵困惑，增强教师归属感。

二是提升教师待遇增强乡村教师幸福感。由当地财政保障真正落实乡村教师平均工资水平不低于或高于当地公务员平均工资收入水平政策，将教育专项基金、乡村教师专项补助落实到位，进一步提高乡村教师工资收入。调研发现，虽然同一职称的乡村教师工资比城市教师工资高500～600元，但事实上，这种差距并不具备吸引力。

三是完善考评机制增强乡村教师荣誉感。改变当前城市与乡村教师一元化考评制度，在教师职称评聘时，向乡村教师倾斜，实行多元化评价制度，乡村教师在职称评定时以在乡村学校执教年限为主要依据，达到一定年限直接上升一级职称，扩大乡村教师职业上升通道，增强教师荣誉感。

四是实行城乡滚动增强乡村教师责任感。实行区域内教师统一管理、教师与学校间只是聘用关系的“县（市、区）管校用”制度，以县为单位使全区域内教师实现有计划地在县城、乡村学校之间的滚动交流，制定相应配套激励措施，鼓励优质教师资源服务乡村教育。

（三）重视校长在发展乡村义务教育过程中的关键作用

一是加强乡村学校校长遴选。遴选有一线教学经验、具备与教育工作相关的行政经验及实践精神、有志服务基层教育的城市教师，以调任、转任、轮换、挂职锻炼等形式交流到乡村学校；加强乡村学校教师的培养，从乡村教师中遴选出合适人员担任乡村学校校长，发挥乡村校长“领头雁”作用。

二是加大对乡村学校校长支持力度。搭建城市校长与乡村校长横向交流平台，实施名校长培养工程、组建骨干校长队伍时，适当向乡村学校倾斜，吸收更多乡村中小学校长，通过带教帮学提升乡村校长综合能力；构建城市校长与乡村校长纵向培训体系，整合高等学校、教育科研院所、教师进修学院等师资和课程资源，构建乡村校长培训基地、组建乡村教师培训机构。

三是加大乡村学校校长交流学习。借鉴“马云乡村校长计划”实施经验，划拨财政专项资金开展更多形式的乡村校长学习交流，增加乡村校长外出学习机会，开阔视野，更新办学理念；进一步完善和实施“优秀乡村校长”评选，总结乡村教育模仿、学习的典型案例，为乡村教育的存在和发展提供更多可能。

（四）构建乡村义务教育儿童健康成长的和谐氛围

一是构建学校主导式的教育配合策略。城乡教育中学生家庭支持存在巨大差距，乡村教育不能像城市教育一样将作业辅导、艺术发展、体育训练、特长培养等推给家庭，而应主动承担更多教育学生的责任；针对留守儿童心理问题，乡村学校要开设心理健康教育类课程，及时疏导农村留守儿童的心理问题；针对乡村家庭教育理念单薄、教育思想落后等现实情况，学校应鼓励家长关注子女成长成才全过程，创设家校协同教育机制，更好地达到教育目的。

二是培养合格代理监护人，重视留守儿童教育。开展乡村留守儿童代理监护人培训，提高代理监护人正确教育和管理留守儿童的能力，增强责任心，使留守儿童能接受科学的家庭教育；加大对代理监护人制度的宣传力度，使代理监护人明确自己的职责，承担起对留守儿童开展家庭教育的责任。

三是推进社区建设，关爱农村儿童。结合全面推进乡村振兴战略和“共同富裕示范区”建设，制定适合本地实际的乡村社区家庭教育帮扶机制，建立乡村留守儿童家庭教育档案，并与家长保持联系，定期跟进乡村家庭的子女教育状况，及时发现不足并予以修正；定期开展各类亲子活动，促进亲子交流，加深亲子感情，鼓励家长回归家庭，重视家庭教育，为乡村儿童健康成长提供良好教育环境。

培育壮大浙江省新农人队伍对策建议*

张群祥　王成军　尹国俊　姚鹏　程丽敏**

“新农人”是指善于利用互联网服务于“三农”，具有新理念、新思维、新技术，从事农产品生产、加工、流通或为农业提供宣传、指导、咨询等服务的生产者和经营者（张红宇，2016），他们是农业供给侧结构性改革的先行者和助推者。培育壮大新农人队伍对推进浙江省乡村全面振兴具有战略意义。2019 年省政府工作报告也明确要求“推进科技进乡村、资金进乡村、青年回农村、乡贤回农村”，随后制定了《关于实施“两进两回”行动的意见》，提出到 2022 年培育新农人 1 万名，以激发乡村活力。

为深入了解全省新农人的现状、遇到的问题，为出台相应政策提供参考，我们对典型新农人进行现场访谈，并通过网络对全省各市（县、区）356 位新农人进行问卷调查，涉及种植业（78.3%）、畜牧业（24.1%）、文旅（20.2%）、林业（13.2%）等多个行业和产业。调查对象中，49.6%为个体经营，17.1%为合作经营，33.3%为企业经营；73.6%生产者年销售收入在 100 万元以下，500 万元以上占 13.2%；雇工人数小于 10 人的占 66.7%，大于 100 人仅占 3.1%，大部分是中小微企业。通过调查发现，全省新农人培育取得显著成效，同时仍存在制约新农人队伍发展壮大的瓶颈问题亟待解决，需要按照打造乡村振兴“重要窗口”的要求进行积极探索，为全国改革探路。

一、浙江省新农人培育的成效

在省政府的坚强领导下，经过各地精心扶持，全省新农人队伍不断发展壮大，已成为乡村振兴的生力军，成效显著。

1. 培育了一支高素质队伍。通过政策推动与培育，全省建立了一支年纪轻、学历高的新农人队伍。调查对象中 35 岁以下新农人占 47.9%，55 岁以上仅占 4.2%；大学本科及以上占 32.6%，研究生占 6.2%。其中还不乏北大、清华、浙大高才生，以及从美国、英国、澳大利亚、日本等回国海归。全省新农人队伍从业经验丰富，48.5%有民营企业或机关事业单位工作经验，67.4%从事农业生产 5 年以上，60%对农业生产相关知识非常

---

* 本文获得浙江省主要领导批示。

** 作者简介：张群祥，浙江农林大学浙江省乡村振兴研究院生态文明与美丽乡村建设研究中心副主任、教授；王成军，浙江农林大学浙江省乡村振兴研究院首席专家、教授；尹国俊，浙江农林大学浙江省乡村振兴研究院副院长，教授；姚鹏，浙江农林大学经济管理学院副教授；程丽敏，临安区农业农村局。

了解，近2/3拥有自主品牌。新农人队伍发展壮大为农业生产注入科技动能，为农村带来全新活力。

2. 促进了资源向农村农业集聚。全省新农人具有浓厚的乡土情怀，服务桑梓。据调查，大部分（76.1%）新农人回到家乡创业，以一产为主（78.3%），带动三产。创业领域已从传统农村种养殖产业，不断向新品种种养、新技术开发等领域拓展，并延伸到农村电商、农旅、研学等新业态，涵盖了农林牧渔、供产销农业全产业链，1/3新农人涉及“三产”融合发展，有效推动了人才、技术、资金等要素向农村流动与集聚，大力推进了全省“两进两回”行动的落地与实施。

3. 带动了农民共同增收致富。全省60%新农人建立了自己的生产基地，与合作社、普通农户、家庭农场合作各占30%左右，36.7%的新农人与普通农户签订了购销协议，带动农民共同发展。新农人主要市场定位为中等收入（90.7%）和高端人群（31.8%），通过自媒体（49.6%）和电商平台（40%）等渠道以高于市场均价一倍（29.4%）进行销售，部分高于市场价格2～3倍（7.1%），经营效益明显，带动了农民共同增收致富。

二、浙江省新农人发展存在的问题

尽管新农人培育成效显著，但着眼成为乡村全面振兴的支柱力量，调查发现，全省新农人的发展还存在以下重要问题亟待解决：

1. 配套建设用地审批难，经营场地受限制。近年来，得益于政府部门出台的系列鼓励和支持措施，推进了新农人的创业和成长。但调查发现配套土地难以保障是新农人进一步发展壮大面临的突出问题（占34.9%），由于建设用地指标约束，“三产”融合发展所需的配套设施用地难以解决，设施农业用地落地难，成为制约新农人发展的瓶颈。

2. 发展资金显紧张，融资仍旧不顺畅。资金是新农人发展面临的又一道坎（占35.6%），调查显示大部分新农人资金来源于自有资金（75%）和亲友资助（30.2%）。外部资金以银行贷款为主（49.2%），股权投资、众筹、风险投资等直接融资占比不超过15%。超三成新农人（34.3%）反映融资难、融资贵，在银行贷款时面临缺乏有效抵押物（49.6%）、贷款附件条件多（37.2%）和缺乏担保（31.1%）等问题。

3. 政策措施待完善，人才流失隐患大。由于浙江省大学生新农人以返乡创业为主，但我国现行的制度规定户籍无法从城市回迁至农村，不少返乡大学生反映户籍回迁无处落地，造成土地流转等诸多困难，难以安心谋发展（20.4%）。同时缺乏专门的新农人人才政策，而目前组织部门出台的人才标准高企，新农人难以达到认定标准，随之导致子女入学问题（43.8%）难以解决。这些现实问题极易引发新农人流失，需要多部门协同配合解决。

4. 身份认同待提升，退出经营风险高。虽然全省新农人的发展成效有目共睹，提升了新农人的社会地位和声望，但囿于传统偏见，大学毕业生到农村自主创业，背离老一辈农民对子女跳出农门的期望，受到家人反对和社会质疑，亲朋不理解让新农人倍感孤独无助，带来社会身份认同、心理调适等问题，这成为新农人退出的重要原因（36.9%）。

三、培育壮大浙江省新农人队伍的对策建议

为了确保全省新农人队伍快速发展壮大和持续成长，需在原有政策基础上，针对上述问题精准出台扶持政策。对此，提出以下几点建议。

1. 先行先试，探索破解用地荒。充分利用国土空间规划整治这一契机，对涉农土地进行前瞻规划与布局，按照种养殖等不同产业特征，统筹规划全省配套农业产业建设用地，严格限定建设用地标准和用途，在国家政策红线基础上拿出一定比例土地指标用以配套设施建设用地。贯彻土地集约式发展方针，建立新农人产业示范园区等。同时，建议充分利用现有资源，积极探索农业管理用房转换为三产设施，为一二三产融合发展提供土地资源保障，切实缓解制约新农人发展壮大的“卡脖子”问题。

2. 分类施策，协同化解融资难。政府部门要投入并引导更多金融资本流入农业农村，建立分类解决机制。对于具有深厚“三农”情怀缺乏资金的创业新农人，探索建立种子扶持资金，严格评审助力新农人的创业与成长，同时实行动态管理，建立退出机制。对于有发展资金需求的新农人，要发挥新农人协会等组织信用，以协会信用进行背书，对接农商行等涉农金融机构，探索“农信贷”等落地。进一步完善农业灾害商业保险，充分发挥农险的兜底作用。同时，鼓励社会资本与新农人建立紧密的利益联结，对接大平台推动农业众筹等。多管齐下，分类解决融资难问题。

3. 部门联动，精准出台新政策。以“两进两回”行动实施为契机，建议出台《关于加快新农人培育发展的意见》，推出新农人“绿卡”制度，以不触及原集体利益分配为前提，探索建立返乡大学生“绿卡”制度，明确“绿卡”的经营权和继承权等，为后续土地流转等持续经营扫除障碍，让返乡大学生安心谋发展。同时，根据农业特殊性和浙江省现实，多部门联动精准出台新农人人才认定标准，明确界定新农人群体和范围，以可行性和实用性为标准，避免唯学历倾向，通过人才认定，依照不同层次的人才标准对应解决子女入学问题，切实解决他们的后顾之忧。

4. 多措并举，积极营造好氛围。充分利用各级媒体宣传浙江省农业农村政策、资源要素优势及创业成功案例，引导各类人才投身农村农业。同时，由党政机关颁发“最美新农人”专项荣誉，设立新农人节，举办全省新农人发展大会，共同营造敬农爱农良好社会氛围，挖掘和推广一批新农人先进典型事例，提高新农人知名度和美誉度，逐步扭转对农民的传统偏见，提升新农人的身份认同。此外，组建省、市、区（县）三级新农人联盟，通过联盟结对与互助强化新农人的归属感，并通过对口指导、平台共享、资源叠加等途径以大带小，相互协作，帮助更多新农人健康快速发展，真正让农民成为有吸引力的职业。

进一步促进浙江省城市人才入乡创业的政策建议

尹国俊　鲁松*

为全面推进乡村振兴，扎实推动共同富裕，2019年浙江省政府制定了《关于实施“两进两回”行动的意见》，强调青年人才是推动农业农村高质量发展的生力军。这里的“城市人才入乡创业”，主要是指曾经在城市生活或者有工作经历，拥有扎实的理论知识，对乡村问题有着独到的思考和观察的人才，在有选择的基础上自愿进入农业领域开展生产经营活动（其中包括企业家、自由职业者、都市白领、大学生、企事业单位职员等）。城市人才入乡创业并非以往被动的“生存型”返乡创业，而是在我国农业供给侧结构性改革和农村土地“三权分置”政策双重推力作用下主动的“机会型”创业。吸引并留住更多城市创新型人才要注重开阔多元思路，采取多样、灵活的方法，破除阻碍人才流动的藩篱，最大程度松绑人才、服务人才、成就人才。

一、浙江省城市人才入乡创业的动机

近年来，浙江省持续推进“两进两回”和新时代浙江“三农”工作“369”行动，深入开展十万农创客培育工程。截至目前，累计吸引并培养农创客7 221名，超过10万人大学生在乡村创业就业。城市人才入乡创业的动机，本质上是吸引城市人才的重要着力点。通过调研发现，基于创业主体个人资源禀赋的差异，在创业驱动力方面呈现不同的特征。

（一）产业发展型，以迎合市场需求为契机

消费结构升级是产业兴旺的外生拉力。伴随中国巨量城市中产群体的形成，生态农产品的消费转向引领着越来越多城市中产来到农村体验乡村生活。仅2020年，全省休闲农业和乡村旅游接待2.47亿人次，年均增长27.9%，带动就业超过100万人；产业升级是乡村创业的内生张力。随着我国农业供给侧结构性改革的深入推进，各地原有传统产业逐步转型升级，为城市人才带来创新创业新机遇。

（二）成就需要型，以追求事业成功为目标

随着数字乡村加速建设，已实现行政村4G全覆盖，乡村“成本洼地”优势更加凸

* 作者简介：尹国俊，浙江农林大学浙江省乡村振兴研究院副院长、教授；鲁松，浙江农林大学在读研究生。

显，为创业提供更开放的创业空间、更低的创业门槛；而入乡创业更是城市人才主体意识和自由的实现，如丽水缙云县陈诗洁辞职入乡，以能动的农文旅创业施展个人才华获得成就感和价值感，满足对生活更强的掌控欲。

（三）生活体验型，以向往田园生活为导向

全省自2003年开启实施“千万工程”以来，新改建和改造提升农村公路1.3万公里，135项涉农公共服务事项实现网上办理，为创业提供更好的软硬件保障；同时，在创业中又能兼顾健康生活。如绍兴新昌县生田村肖磊抓住村落设计复兴的趋势打造乡村共享社区，吸引编剧、插画师等自由职业者长期旅居，在追求经济利益的同时享受“山野栖居”带来的舒心。

（四）重塑乡村型，以实现乡村振兴为使命

一方面，根植于求学时期的创业种子。他们在求学期间普遍有“三农”社团下乡的经历或曾到乡村开展实践的相似成长轨迹，产生对“三农”事业的热爱和信念。根据共青团省委发布的“大学生返乡创业调查”报告显示，超2 200名大学毕业生成为投身于乡村产业的农创客。另一方面，立足于社会责任和社会需求的愿景。如台州仙居县杨岸村退役军人杨春林，面对工业化农业负外部性的事实而辞职创业，以第二产业带动第一产业的振兴，实现农民共同富裕。

二、浙江省城市人才入乡创业存在的障碍

尽管多地出台了关于支持市民下乡的政策，但由于存在一些制度性阻碍以及缺乏良好创业环境等客观因素，导致“入乡”主体创业动机不足，意愿不强。与一般返乡创业群体相比，城市人才所面对的客观障碍既有共性问题，又有特殊性问题。

（一）政策供给失配削弱创业创新活力

（1）乡村产业统筹机制不完善，难以形成长远预期。全省各地开展了面广量大的乡村规划实践，但往往就村论村，并未在乡村空间把镇村布局规划、特色乡村规划、配套设施规划等进行深度融合，使得创业活动散落在农业生产各个环节而未能形成结构体系。（2）政策落实机制不健全，削弱创业制度保障。地方政府未能根据实际情况制定相应的配套措施，而部门之间缺乏有效衔接更难以达到扶持政策的预期效果。

（二）创业服务欠缺制约创业长足发展

（1）农村科技服务体系滞后，无法支持企业技术创新。创业经营主体产业化、现代化发展，意味着集约化经营以及对技术研发等需求的增长，而以往的农业技术服务体系已力有不逮。以杭州市为例，专门从事农业科技服务工作的人才不到5%，加上兼职人员

也不足 15%。(2) 区域公用品牌管理粗放，还未形成品牌合力。纵观全省 11 个地级市，已有 8 个启动发展市级农产品区域公用品牌，其中果品和茶叶的区域公用品牌最多。然而，如省内茶类区域公用品牌，市场化运作能力低、监管制度和授权与退出机制相对滞后、公用品牌对知名品牌赋能不显著等问题依然突出。

(三) 创业要素缺位抑制创业快速成长

(1) 农村金融服务体系不健全，增加筹措资金的难度。全省各级金融机构尽管努力探索“两乡双创贷”“人才贷”“人才创业险”等支持乡村创业的金融产品，截至 2021 年 2 月末，全省涉农贷款余额 4.2 万亿元。但并未弥补现有乡村金融体系的根本性缺陷，直接性股权融资、合作性金融占比甚微。(2) 劳动力供给不稳定，影响企业生产经营。部分地区农村劳动力老龄化、低素质化等现象突出，加之尚未形成统一的劳动力市场信息网络，不时造成劳动力结构性短缺的尴尬局面。以杭州市为例，仅春茶期间采茶工缺口达 4.5 万人次。

(四) 公共服务短板突出难以引人留人

(1) 乡村基础设施薄弱，难以支持产业升级。在农村公共服务体系建设中更多地依赖上级财政转移，影响着城乡基础设施建设均等化的路径选择，阻碍乡村产业向智能化、现代化的转型升级。如县域数字农业农村发展水平排名后十位和前十位的县 (市、区) 平均发展水平分别为 47.1%和 89.1%，两者相差甚远。(2) 乡村公共事业滞后，难以安心留住人才。地方政府动员社会资本能力和机制不足，造成教育、文化、卫生等公共事业发展长期滞后于实际需要，无法为入乡创业群体提供优质的人居生活条件。(3) 乡土文化渐行渐远，难以唤醒乡土情结。全省行政村文化礼堂覆盖率已超 90%，但农村文化活动往往存在思想提炼不够、艺术加工不足等问题，同时文化活动形式比较单一，载体匮乏，更难以唤醒内心深处的乡土情结。

三、对策建议

乡村创业活动的发展过程如同生命体一样，拥有孕育、诞生、成长、成熟等阶段，同样需要适宜的生境条件。根据创业生态理论观点，创业生态环境是创业者开展创业活动的领域和范围，更是创业者从创业意愿的形成到创业活动的开展全过程中所产生影响的各种因素总和。鉴于此，结合城市人才在乡村开展创业活动的特点，必须从政策供给、创业服务、金融支持、创业文化和公共服务环境五个维度，构建创业环境要素体系，通过“五维一体”的政策举措，完善吸引城市人才入乡创业的体制机制。

(一) 推动创业政策落地见效，构建长效化利益联结机制

一是创建“三农”创业项目库。鼓励基层政府立足资源禀赋和市场需求，科学规划

一、二、三产业布局，编制适合城市人才投资和建设的项目库，引导创业主体融入区域专业市场与产业集群，形成产业互补效应。二是构建乡村创业考评激励机制。研究出台具体的入乡创业政策评价体系，其评价指标应包括效率性、效益性、公平性、回应性、执行力。同时，将政策评价纳入基层政府综合绩效目标考核，对满足激励标准的县或乡镇在新增用地指标、金融贷款等方面给予优先安排。

（二）提升创业中介服务水平，建立一站式创业公共服务平台

一是建立就业信息服务系统。以村社为基本单元，面向村社居民和周边产业进行信息采集与管理，并通过信息协同实现信息互联互通，着力解决企业招工困难、人才短缺等问题。二是完善农村科技服务体系。改变公益性无偿服务的技术提供模式，以市场机制为纽带，科技特派员等农技供给方通过创业型服务等新模式与农技需求方建立更紧密的利益联结机制。三是政企共建公用品牌管理体系。以政府管理机构负责统一规划，企业积极参与制定区域公用品牌准入与淘汰机制，深度挖掘本地文脉与特色禀赋，对农产品进行特质和文化双向深加工。

（三）完善创业风险投资机制，打造多元化创业金融支持体系

一是推动商业性创业资本投资阶段前移。充分发挥浙江省新兴富裕群体优势，为有意进行天使投资活动的投资人提供咨询等服务，组织“天使团投资”；二是发挥优惠政策对早期创业投资的引导作用。对专注早期投资并达到一定年限的公司制创投企业在免税两年的基础上继续延长免税年限，将投资抵扣政策延伸到投资者环节；三是健全多层次资本市场的退出机制。进一步拓展退出渠道，发挥北京证券交易所和区域性股权交易市场的作用，优化股权流转和结算机制；四是完善创业资本发展的配套体系。加强农业创投行业管理和法治建设，健全创投机构与早期创业企业的对接平台与合作机制。

（四）加大创业基础设施投入，构筑宜居宜业新家园

一是创造便捷的居住环境。加大财政预算倾斜与放宽社会资本准入，高标准推进网络通信、公共活动空间等基础设施建设，支持流通、销售企业服务网点向农村延伸，建立农村现代化流通体系。二是健全文、教、医等公共服务普惠共享机制。分步实施教师队伍岗编分离、县管校聘政策，推动县级医疗资源下沉到乡镇基层，切实提高乡村公共服务的可得性与便利度。

（五）优化乡村文化资源，弘扬新时代浙商文化

一是营造乡风文明新风尚。把敢为人先、勇立潮头的创业精神作为乡风文明建设的重要内容，挖掘创业典型、讲好创业故事，构建创客交流平台，营造敢闯敢试、宽容失败的创业氛围；二是传承浙商历史文脉。以寻根浙商文化资源为开端，在优秀农耕文化遗产中提炼创新创业元素，以独特的艺术形式及现代化的传播手段展现乡村创业底蕴。

浙江省历史文化村落保护利用创新机制及实现路径的对策建议

鲁可荣*

加强历史文化村落保护利用是贯彻落实十九届五中全会提出的关于“要坚定文化自信，繁荣发展文化事业和文化产业，提高国家文化软实力。走中国特色社会主义乡村振兴道路，全面实施乡村振兴战略”和省委书记袁家军同志关于“要对标习近平总书记关于文化建设的重要论述，全面开启文化浙江建设新征程”的重大实践。2003 年以来，浙江省不断深化“千万工程”和建设美丽乡村，通过科学规划整体布局，历史文化村落保护对象不断扩大；持续出台相关政策，保护利用力度不断加大；深入实施“千万工程”，历史文化村落保护利用与美丽乡村建设互融共促。

一、浙江省历史文化村落保护利用存在的主要问题

（一）多部门参与保护利用工作，亟待完善协同机制

随着历史文化村落保护对象从古建筑、古村落逐步扩大到历史文化村落（名村）和国家级、省市级历史文化村落等，多个部门不断参与到保护利用工作中，体制机制不完善，部门职责不清，管理协调不够，影响了工作实效。

（二）专业技术人才和资金匮乏，保护利用乏力

历史文化村落中古建筑修复和非遗文化保护的专业技术性要求高、资金投入量大，掌握传统技艺的工匠和艺人匮乏，既有财政配套资金缺口较大，乡镇自身财力和村级集体经济薄弱，难以有效开展保护利用工作。

（三）偏重于古建筑修复以及基础设施建设，整体保护利用不够

目前各地普遍重视对历史文化村落的古建筑修缮以及村内道路等基础设施建设，而对民俗文化、传统技艺等的系统保护传承则相对欠缺。同时违建房屡禁不绝，导致传统空间格局和整体风貌遭到不同程度破坏，保护与利用矛盾日益突出。

---

* 作者简介：鲁可荣，浙江农林大学浙江省乡村振兴研究院农村文化与乡村社会治理研究中心主任、浙江农林大学文法学院院长、教授。

（四）保护利用工作主要依赖外部力量，村民主体参与性不足

历史文化村落保护利用工作主要以政府主导的项目制开展，一些乡镇、村过度依赖上级项目资金，工作推进的主动性不高，忽视了以村民为主体的积极参与，难以与乡村振兴目标有机融合。

（五）保护管理与开发利用难以协同，欠缺对乡村价值的深度发掘

多个部门参与历史文化村落保护工作，缺少“多规合一”的科学规划，在实际工作中偏重于基础设施建设以及商业资本片面开展乡村旅游等，未能系统挖掘利用乡村多元价值，导致历史文化村落保护利用与乡村振兴难以有机融合。

二、历史文化村落保护利用的典型创新实践

调查发现，近年来各地积极探索开展历史文化村落保护利用工作，形成了一些各具特色的可借鉴可推广的典型创新实践。

（一）重塑历史文化村落生态生产价值促进生态振兴及产业振兴

历史文化村落具有“天人合一”的生态价值和“道法自然”的农耕生产价值。一些村落（例如松阳平田村）通过新乡贤带动，立足丰富的特色乡村资源，传承和重塑生态价值和生产价值，将村庄打造成为集农耕、民宿、文创等三产融合发展的“田园综合体”，推动了历史文化村落活态保护与乡村生态振兴及产业振兴的有机融合。

（二）多元主体复兴乡村教育促进优秀乡村文化传承

乡村教育是集家庭教养、乡村教化和学校教育为一体的教育体系，是乡村文化传承的重要载体。近年来，一些历史文化村落的老农们自觉开展农耕文化教育，传承乡土文化。越来越多的新乡贤返乡，依托各类社会组织（例如月山村助学小组、何斯路村老年电大等）积极复兴乡村教育，传承优秀乡村文化，建设美丽乡村。

（三）加强历史文化村落公共文化建设促进乡村文化振兴

许多历史文化村落结合文化礼堂建设，通过修缮宗祠、重修家谱等，将优良的乡规民约、家规族训以及先贤事迹等传承弘扬，并开展启蒙礼、尊老礼、祭祀礼等传统文化传承以及“好媳妇”“好家风”评比等道德教化活动，丰富村民们的精神文化生活，有效促进了乡村文化振兴。

（四）重建历史文化村落共同体价值促进宜居幸福乡村建设

一些村老年协会、乡贤协会采取多种形式重塑乡村共同体的生活价值和文化教化价

值，引领村民崇文尚礼、明理知孝，重建和睦邻里、友爱互助的共同体意识，重建村民们的美好精神家园，逐步实现了“幼有所教、劳有所值、老有所养、家有所乐”的宜居幸福乡村。

三、历史文化村落保护利用与乡村振兴有机融合的创新机制及实现路径对策建议

（一）构建历史文化村落保护利用与乡村振兴的共建共融共享机制

1. 多元主体协同参与历史文化村落保护与乡村振兴的共建机制。要坚持党管农村工作，健全党委统一领导、政府负责、党委农村工作部门统筹协调的农村工作领导体制。要充分尊重农民意愿，发挥农民主体作用，不断提升其获得感、幸福感、安全感。要建立有效激励机制，汇聚多元主体协同参与，推动历史文化村落保护利用和乡村振兴有机融合。

2. 历史文化村落保护利用与乡村振兴的共融机制。历史文化村落多元化价值传承与活态保护利用是一个有机体系，要科学全面地挖掘利用历史文化村落所具有的农耕生产、生态宜居和文化传承及道德教化等多元价值，全面推进产村人融合、生产生活生态融合、自治法治德治融合，促进历史文化村落保护利用与乡村振兴有机融合。

3. 历史文化村落保护利用与村民安居乐业的共享机制。历史文化村落保护利用的最终目标是要建设农业强、农民富、农村美的幸福乡村。因此，既要谨防片面追求商业价值，危及历史文化村落保护以及村民安居乐业；又要结合历史文化村落保护利用项目，充分挖掘整理、保护利用乡村多功能价值，扶持和打造特色产业发展，有效提高村民收入和壮大村级集体经济，让村民共享发展成果，真正激发历史文化村落的生机与活力，实现历史文化村落保护利用与乡村振兴有机融合。

（二）促进历史文化村落保护利用与乡村振兴有机融合的实现路径

1. 进一步加强组织领导和统筹规划，有效统领历史文化村落保护与乡村振兴有机融合。要加强各级党委和政府统一领导，将历史文化村落保护利用工作有机融合到“千村精品、万村景区”工程和乡村振兴战略中，切实推进市（县）层面历史文化村落建设工作。各级农业农村部门要发挥综合协调和组织牵头作用，其他部门要各司其职，形成职责明确、分工协作、统筹有力、运转有效的工作协调机制。同时，要统筹推进历史文化村落的村庄布点规划、建设规划、土地利用规划及美丽乡村建设等“多规合一”，有效促进历史文化村落保护利用与乡村振兴有机融合。

2. 进一步挖掘利用乡村价值，有效促进历史文化村落保护利用与乡村生态产业振兴的有机融合。在推进美丽乡村建设以及乡村振兴战略过程中，要坚持完整性、真实性、延续性原则，全面保护历史文化村落格局、自然生态肌理、历史风貌等整体空间形态，

严格保护文物古迹、传统建筑、农业生产遗迹等自然历史文化遗产。同时，进一步拓展历史文化村落多种功能，既适度推进完善村庄生态环境、人居环境和发展环境建设，不断提升村民生活的生态宜居幸福感；又因地制宜地建设一批生态融合、产村融合、城乡融合发展的示范村和精品村。

3. 进一步发掘整理乡村记忆，有效推动历史文化村落文化活态传承与乡村文化振兴的有机融合。要深入开展历史文化村落文化调查与保护，建设乡村文化记忆库。建立“一村一档案、一村一规划、一村一方案”的历史文化村落保护利用项目库。鼓励支持建设一批乡情陈列馆、博物馆、村志馆等，并逐步提升为农耕文化活态传承基地，同时发展壮大乡愁特色产业，促进美丽乡村向美丽经济转化。

4. 进一步加强政策支持和基层组织建设，有效完善历史文化村落保护利用与乡村振兴有机融合的内外协同机制。要加大政策保障和要素支持，各级政府要将历史文化村落保护利用项目纳入地方财政预算保障资金投入，优先保障项目实施，加大项目整合力度。要加强基层党组织建设，实施“头雁工程”“归雁计划”和“雏雁计划”，优化提升基层带头人队伍，大力推进乡贤和青年回村，培育新时代“一懂两爱”的农村工作队伍。同时，加强对能工巧匠、非遗传承人等乡土实用性人才培育，激发村庄内生发展动力。

推动宋韵文化全面融入浙江省公共文化体系[*]

徐　达[**]

浙江省委文化工作会议提出，形成宋韵文化挖掘、保护、提升、研究、传承的工作体系。千年宋韵文化是浙江最具标志性的文化名片，解码南宋文化基因，推动宋韵文化全面融入浙江省公共文化体系，重现“风雅处处是平常”的生活美学，对于浙江打造新时代文化高地具有重要作用。

一、全面深化宋韵文化研究传承推广的系统谋划

加强宋韵文化保护与展示，是深入贯彻落实习近平总书记关于历史文化名城建设重要指示精神的必然要求，是自觉践行“八八战略”、建设文化强省的重要内容。浙江正致力于将宋韵文化打造成为浙江文化金名片，如杭州市上城区积极推动南宋皇城大遗址保护开发，绍兴文理学院致力打造宋韵文化传承特色高校等。

宋韵文化全面融入浙江省公共文化体系，有利于形成展示“重要窗口”独特韵味、文化浙江建设成果的鲜明标识，但在其文化核心的内涵与外延上还须进行更加科学、系统的阐释与挖掘。在实施宋韵文化传世工程的过程中，对宋韵文化所涉及的各方面各领域的资源收集与整理，对宋韵文化的概念界定、形成脉络、外延发展、边界梳理、表现形式等研究成果的梳理与呈现，都须进行更加全面的统筹与指导。如何做足特色、放大优势，让千年宋韵在新时代“流动”起来，这一问题亟待解决。

要完善宋韵文化研究传承推广的顶层设计。各级政府可建立部门协作机制，借鉴联席会议制度，由宣传、文旅、教育、文物、科技等有关部门形成合力，设立宋韵文化传承发展规划领导小组，联动省内外宋韵文化研究机构与专家学者，成立宋韵文化研究传承推广机构，加快推动相关指导意见、实施细则的出台和落实。

要加强宋韵文化研究传承推广的系统谋划。推动对宋韵文化的融合发展和品牌培育，串联南宋文化体验空间与城乡公共文化体系，并在公共文化价值体系中融入宋韵文化礼节仪式传承等特色文化呈现元素，打造“宋韵公共文化周”“浙江国际宋韵文化节”等品牌，使城市乡村、邻里街道等成为行走的宋韵博物馆，让群众多维度感受宋韵文化。

---

* 本文刊于浙江新闻客户端，2021年11月15日。

** 作者简介：徐达，浙江农林大学浙江省乡村振兴研究院研究人员，浙江农林大学园林学院党委副书记。

要深化对宋韵文化的创造性转化与创新性发展。采用产学研深度融合机制，不断深化对宋韵文化深厚丰富内涵的研究挖掘，同时将宋韵文化元素融入当前正在落地推进的公众文化建设项目。可通过对宋韵文化相关遗迹的保护性开发，进一步提升宋韵文化景观辨识度；通过延续和提倡宋代生活美学，推广雅致的生活新范式。

二、全面加快宋韵文化在公共文化体系中的创造性呈现

宋韵文化是具有中国气派和浙江辨识度的重要文化标识。传承创新宋韵文化，将其全面融入公共文化体系，有助于高质量打造具有代表性的重要文化符号，并使之成为引领高质量发展、建设共同富裕示范区的强大精神动力。

宋韵文化全面融入公共文化体系，有利于推动宋韵文化传世工程落地生根、开枝散叶。当前，公众包括外地游客对宋韵文化谈的最多的景点关键词为“宋城”“南宋御街”等，地域关键词集中在“杭州”“临安”，而对最能体现宋韵文化的标志性物件、符号，对南宋园林建筑的风格、民俗生活图景、历史文化遗存等则了解较少。这也从一个侧面说明了公众对宋韵文化的整体知晓度还不高、对其理解相对浅显与单一，这对宋韵文化的呈现形式创新提出了更高、更多元化的要求。要在重现具有中国气派、东方特质的“南宋遗韵”的创造性输出与转译方面寻求新的突破。

要推动城乡一体的宋韵文化特色展示点建设。建议在 1 000 家即将筹建或已在筹建的乡村博物馆，已有的各级图书馆、乡镇综合文化站、社区文化活动中心呈现与“植入”宋韵文化主题元素，在建筑风格的设计、环境景观的规划、内部馆藏的装饰、体验活动的策划上彰显宋韵文化气息，同时可设置“品读·宋韵文化角”“浙里·宋韵文化展示窗”等场馆。

要运用现代科技打造宋韵数字文化平台。建议搭建宋韵数字文化平台，完善宋韵文化资源库内容建设，不断丰富电子图书、绘画书法、知识讲座和影视节目等数字资源，建立宋韵文化研学孵化基地，设立宋韵文化研习课堂，利用 App、小程序等形式丰富的线下互动体验空间，为活动发布、参与预约、艺术培训、展览展示、品牌推介、志愿者服务、大数据分析等提供全方位的技术平台，同步推行宋韵文化普及效果评估机制，实施群众自主自助互动的体验式服务。

要加强宋韵文化在公众文化领域的创意呈现。建议结合浙江特有的印石文化、书画文化、伞文化、茶文化、饮食文化、建筑文化、丝绸文化等进行跨界融合创造，设计一批公众文化标识符号，推出一系列宋韵文化主题盲盒、折伞、文化衫、帆布袋、卡套等文创产品。虚拟文创方面，则可运用区块链技术，推出以宋韵文化为代表的中华传统文化元素随机组合的数字藏品和数字艺术品（NFT）、虚拟动漫人物与 AR 人物，借助互联网平台在全球宣传推广营销。

三、以供给侧结构性改革为主线赋能宋韵文化产业 IP 化

高质量发展的文化产业是打造新时代文化高地的重要基础，具有极强的引领力和辐射力。而宋韵文化作为高质量文化供给，具有独特的文化基因与文化密码，能够顺应当今文化产业的发展潮流，对其 IP 的深入开发可带动浙江文化产业的提质升级。

宋韵文化全面融入公共文化体系，有利于助推新时代文化高地建设，促进高质量文化产业的发展，但其在全面融入公众文化体系过程中还须构建更加完善的评价机制体系。当前，打造新时代文化高地的目标赋予了宋韵文化更深层次的现实意义和时代内涵，但是如何将宋韵与其他产业构成一个有机整体，串珠成链，成为宋韵文化全面融入公共文化体系的现实问题。目前，宋韵文化作为 IP 创造的独特文化元素，还更多停留在传统媒体上，IP 的社会化、市场化程度不高，未与市场有效匹配，配套的人才供给、文化产业的无缝融合衔接有待增加和提高，这对各级政府与市场在宋韵文化推广发展中的评价机制体系建立与产业配套融合提出了相应需求。

要推动宋韵文化与相关产业进一步融合。不断优化基于宋韵文化开发的衍生产业资本市场环境，鼓励多方主体共建创新联盟，促进创意孵化、文化转译、产业集聚的规模化发展。完善出台相关鼓励扶持政策，吸引多元资本的支持；全面深化各级政府负面清单制度，提升公共文化服务的效能，在供给侧发力，重视群众在文化需求方面发生的变化，掌握服务对象的特点和需求。

要创新宋韵文化产业 IP 人才培养与引进。建设省内宋韵文化研究传承推广专家智库，将宋韵文化双创人才培养纳入公共文化体系培养方案之中；大力推动宋韵文化在新时代的理论创新，突出浙江公共文化建设应用对策研究，充分发挥思想库作用，尊重规律、科学管理；以公共文化发展需求和宋韵人才双创需求为导向，促进各类创新要素流动与优化配置，满足宋韵双创人才的创新创业需求。

要增加宋韵文化产业 IP 面向省外乃至世界的资源供给。打造宋韵文化产业 IP 文旅融合先行区，坚持“以文塑旅、以旅彰文”，深化诗画浙江、“未来景区”等文旅品牌建设，加大对宋韵文化的保护传承和利用等，使共同富裕的文化自信显著增强；以“一带一路”建设为契机，以“讲好中国故事”为布局思路，打造体现时代精神的宋韵文化世界级 IP 产业链。

乡村集体记忆重构与价值传承*

鲁可荣**

近年来由于城市化和工业化快速推进，各地大量撤村并居，由此引发了村落“空心化”、乡村文化“荒漠化”、乡村集体“失忆”乃至“断根”等现象。2013年中央城镇化工作会议提出“让居民望得见山、看得见水、记得住乡愁”，随后山东、浙江、山西等地陆续开展了形式多样的乡村记忆工程。然而，乡愁是什么？如何才能记得住乡愁？尤其是如何有效延续乡村集体记忆和传承乡村价值，并使其成为传承中华优秀传统文化的重要载体？2018年中共中央、国务院印发《乡村振兴战略规划（2018—2022年）》（以下简称《乡村振兴战略规划》）指出，乡村是具有自然、社会、经济特征的地域综合体，兼具生产、生活、生态、文化等多重功能，与城镇互促互进、共生共存，共同构成人类活动的主要空间。因此，在新时代实施乡村振兴战略背景下，应依托乡村社会原有的文化背景和社会基础，充分挖掘以农耕文明为代表的传统乡村文化的历史价值，传承和重构传统村落的集体记忆，充分发掘、整合、传承与拓展传统村落的多元性价值，重塑乡村共同体，为整体推进乡村振兴战略提供内在精神动力。

一、传统村落集体记忆的内涵、构成要素及类型解析

（一）传统村落集体记忆内涵

有关集体记忆的研究最早可以追溯到法国社会学家涂尔干提出的“集体意识”和节日仪式中的“集体欢腾”。集体意识是由社会成员在保持个性的同时，在交往中因共同利益、共同需求、共同价值评价等而形成的共有思想观念。人们通过共同回忆创造出一种凝聚感，从而形成了“集体意识”，并将其作为社会整合的主要工具。哈布瓦赫认为，集体记忆弥补了欢腾时期和日常生活时期之间的空白，集体记忆是特定社会群体成员共享往事的过程和结果，保证集体记忆传承的条件是社会交往及群体意识需要提取该记忆的延续性。20世纪80年代以来，社会学、人类学、历史学等多学科开始关注集体记忆研究，研究成果主要集中于：侧重历史呈现的“历史记忆”，关注社会功能的“社会记忆”，强调文化意义的“文化记忆”，以及体现互动过程的“沟通记忆”等。例如，诺维克认

* 本文刊于《民俗研究》2021年第3期。

** 作者简介：鲁可荣，浙江农林大学浙江省乡村振兴研究院农村文化与乡村社会治理研究中心主任、浙江农林大学文法学院院长、教授。

为，集体记忆的核心特征是非历史性，甚至反历史性的，集体记忆是一个不断制度化的过程。韦尔策将集体记忆分为同质型、互补型和冲突型三种集体记忆类型，它们是同一集体内成员建构记忆的不同结果。阿斯曼分析了从个人记忆到集体记忆，再通过沟通和分享的过程，最终形成了一种较普遍而且形式清晰的文化记忆。

近年来，随着我国对传统村落保护发展以及传统乡村优秀文化传承的不断重视，国内学界关于乡村集体记忆的研究成果也逐渐增多，主要涉及档案学、文物与博物馆学、管理学、社会学等诸多学科。关于乡村集体记忆的相关研究最早出现在文学和传播学领域，通常以“乡土记忆”“乡土情结”“乡土情感”“故土记忆”以及“乡愁”等概念来表述。例如，章姗霞认为，乡村记忆是一定地域内的村民在长期的生产生活中所保存下来的有关乡村的共同记忆，是村民共有的精神家园与维系代际关系的精神纽带。徐璐认为，乡愁是一种集体记忆，并从集体记忆的理论视角分析了乡愁产生机制和建构路径。

不同学科对于集体记忆内涵界定不一，对特定类型的乡村记忆的理解也莫衷一是。保罗·康纳顿认为群体记忆是一个广义的概念，有某种灵活性，既包括小的面对面的社会（如村寨和俱乐部），也包括广有领土的社会，其多数成员不能彼此亲知（如民族国家和世界宗教）。“一个村子非正式地为自己建构起一段绵延的社区史：在这个历史中，每个人都在描绘，每个人都在被描绘，描绘的行为从不中断。”因此在康纳顿看来，乡村记忆是村民在特定的乡村价值体系和乡土社会秩序的影响和形塑下，所建构起来的关于日常生产生活的群体性记忆。郑杭生、张亚鹏认为，从结构角度看，“乡村社会记忆是多面向的动态复合系统，渗透在经济、文化和制度等系统中”，“乡村存在与流变的历程记载，构成其文化的精神脉络和灵魂核心，是乡村在历史嬗变过程中，从村民的共同生活体验逐渐形成的价值观念与思想形态，由此形塑了支配村民行动的思维方式与价值取向，是乡村共同体的黏合剂与文化遗产”。贺雪峰认为，所谓社区记忆是村庄过去的传统对当前农村社会的影响程度和影响途径，并以社区记忆和村庄精英二维因素为主线建构起理解村庄性质的二维框架，并依据社区记忆的强弱和村庄精英的类型对四种类型的村庄运行情况进行分析。杨同卫、苏永刚认为，乡村记忆是乡村文化的直接凝结和体现，是由乡村独特传统逐渐内化而成的乡民的思想观念与认知习惯，是乡村认同和乡村社会资本的集中体现。此外，也有学者从地理学视角来理解乡村记忆。宋玉、黄剑锋认为，乡村记忆是在村落起源、变迁和发展过程中，依托各种地理媒介、符号和载体所涵盖的记忆，不仅要强调主体对乡村空间的田园风光、历史建筑、文化遗产、民风民俗等自然与人文地理要素的历史记忆，更应注重记忆形成过程中的社会环境因素影响和空间映射。

综上所述，乡村集体记忆是集体记忆的一种类型，是特定村落地域空间中村民（包括曾经生活在乡村中的成员）在长期生产生活中形成的对于村落共同体归属感、认同感和文化价值观等方面的集体记忆，通过民俗节庆及仪式、生产生活器物、古建筑等多种载体而得以呈现、维系和保存。

传统村落是乡村文化传承的重要载体，承载着乡村集体记忆。因此，传统村落集体记忆是指世代村民在长期的农耕生产生活中积淀与传承而形成的村落共同体意识、共同的乡村价值观念以及乡规民约、民俗仪式等，其本质是乡村价值的直接凝结和集中体现。

（二）传统村落集体记忆的构成要素

从传统村落集体记忆的内涵可以看出，传统村落集体记忆是世代村民在长期的生产生活中，通过依托一系列积聚和传承乡村集体记忆的载体而建构的，其构成要素主要包括记忆主体、记忆客体、记忆载体和记忆过程，四者紧密联系相互影响，最终构成了传统村落集体记忆的有机体系。记忆主体，主要是指全体村民（包括离乡又离土的村民、离乡不离土的村民、完全离开村落拥有城市户籍的村里人等），短期或长期生活在村里的外来者（例如下乡知青、外迁者、游客等），以及拥有“乡愁记忆”的社会各界人士。

记忆客体，主要是指传统村落的地理空间变迁和物质载体更迭（如村落布局、街巷道路、民居建筑、古树、水系、生产工具和生活用具等各类老物件等），以及不同时期对于村民生产生活和村落变迁发展有影响的人物和事件。

记忆载体，主要是指在传统村落变迁发展中承载着乡村集体记忆的村落肌理和公共空间，生产生活器物和古建筑，生产生活的日常活动和习俗，民间传说故事和民间仪式信仰等。

记忆过程，是指随着社会不断发展变化，受到国家、社会、市场等各种外部因素的影响，传统村落发生变迁、转型，村民的生产生活方式不断地发生变化，从而导致乡村集体记忆的建构、失忆和重构，从而在时间向度上形成了从过去记忆过渡到现实记忆并向未来记忆的演变。

（三）传统村落集体记忆的主要类型

结合传统村落集体记忆的内涵及其构成要素可以看出，不同形态的记忆载体以及记忆的主要节点形式，较为完整地承载和保存着不同时期传统村落的集体记忆。因此，依据记忆载体的不同形态，可以将传统村落集体记忆划分为以下三种类型：以村落肌理和街巷布局为载体的乡村公共空间记忆，以村落建筑和日常生产生活器物为载体的乡村物质性记忆，以乡风民俗和民间信仰等乡村价值观念为载体的乡村精神性记忆。

其一，以村落肌理和街巷布局为载体的乡村公共空间记忆。先民在选址定居之初，往往会有意识地将当地的自然地理条件、宗族人口及其生产生活方式等要素予以统筹，确定村内街巷格局，从而形成了传统村落独具特色的村落肌理和公共空间。例如平原农耕地区聚族而居的传统村落，往往会根据血缘宗族分支形成既联系紧密又亲疏有序的街巷建筑格局，专门开辟出打谷场、宗族祠堂、私塾学堂等公共活动空间。在山区向阳坡地依山就势建立的藏风聚气、山水环绕的传统村落，则注意筹建用以调蓄水源和保持水土的水口塘和水口林等公共空间，村民可以在溪边洗衣洗菜，在村口的大树下休憩聊天等。随着社会经济不断发展，传统村落也历经沧桑，随生产生活方式发生巨大变化而不断变迁转型，然而其整体布局理念和村落公共空间结构，却会以文字、图画等形式被记录在宗谱和村志中，甚至其基本框架依然保存完好，承载着乡村集体记忆。

其二，以村落建筑和日常生产生活器物为载体的乡村物质性记忆。传统村落的村民在长期的生产生活中，因地制宜地建造了各具特色的村落建筑，包括民居、宗祠、水渠等，如西南山区的吊脚楼、福建永定土楼、皖南徽派民居和宗祠等。同时，为了适应农耕生产生活需要，村民充分发挥民间的聪明才智和创造力，制作了各种功能多样的生产工具和生活用品等日常器物。譬如农耕型传统村落中村民制作的水田耕作生产工具，如犁、耙、耖、水车等；村民制作的各种日常生活用具，如各种炊具、家具等。村民还会不断地对村落建筑样式、生产工具和生活用品等加以改进革新，以适应农耕生产生活方式的变化，从而形成了以村落建筑、日常生产生活器物为载体的乡村物质性记忆。因此，许多传统村落既有供奉着世代祖先灵位的上百年的宗族祠堂、繁衍庇护了世代子孙的祖上老屋，又有承载着祖辈勤俭持家的传家宝（例如扁担、斧头等生产工具）、滋养了几代人的老物件（例如卧床、饭桌、针线箩等生活用具），相对完整地保存传承着乡村集体记忆。

其三，与乡风民俗和民间信仰等有关的乡村精神性记忆。传统村落大多是以血缘、亲缘为纽带形成的宗族型的乡村聚落，在长期乡村共同体的生产生活中，既形成了由共同的血脉亲情凝聚而成的祖先信仰、家风族训等精神信仰性集体记忆，又形成了基于共同的风土人情、乡风民俗、乡规民约等民间礼俗和道德教化性集体记忆。这些以熟人社会共同的乡村价值观念为载体的乡村精神性记忆，一方面是以祖宗灵位供奉于祠堂或祖屋中堂、以牌匾高悬于门楣、以文字载录在宗谱村志等形式，供后世子孙祭拜、瞻仰和内省教化；另一方面则以村民在日常农耕生产生活中所共同开展的时令节气民俗活动、民间信仰仪式活动以及共同遵循的乡规民约而活态传承，并经过长期的积淀凝聚而成为乡村传统文化的集体记忆。虽然随着城市化和工业化的快速发展，传统村落不断地发生变迁和转型，或因被征用而拆迁、撤并，或因人去屋空而成为空心村，但是基于共同血缘亲情为核心纽带的乡村共同体的集体记忆，却依然扎根铭刻于村民的内心深处。因此，在近年来越来越浓的“乡愁”潮中，除了每年“有钱没钱，回家过年”的春运高峰，全国各地还涌现出了清明返乡祭祖，捐资重续宗谱重修宗祠，开展形式多样的民间信仰祭祀活动，依托乡规民约和乡贤文化开展乡村德治等活动，从而重新挖掘激活和活态传承了以乡村价值观念为载体的乡村精神性记忆，有效地促进了传统村落保护发展。

二、传统村落集体记忆及其价值传承与村落可持续发展的互融共促关系

（一）传统村落集体记忆建构是乡村价值传承的重要载体

乡村集体记忆是可以通过一系列凝聚和保存集体记忆的载体和象征符号来建构的。乡村集体记忆的建构是由主体（记忆者）、客体（记忆对象）、记忆载体共同组成，三

者密不可分并且相互影响，最终构成了乡村集体记忆的有机系统。乡村集体记忆可以通过民俗节庆仪式、生产生活器物、古建筑等多种载体而得以呈现、维系和保存。例如，通过节庆中的纪念仪式和体验参与，可以强化民族的共同集体记忆和文化认同。以乡村故事为载体形成的乡民的“历史记忆”，有助于理解乡村历史的“事实”和内在脉络。民间文学是一个社会群体集体拥有、世代相传的文学传统，是这个群体的集体记忆。在宗族型村落中，可以通过文本系统与仪式系统来重建宗族记忆。在民间信仰仪式中表达出来的乡村集体记忆，蕴含着丰富的社会和文化含义。此外，传统村落形态及其日常生活场景，是村民建构集体记忆时进行身份认同和精神归属的基本参照，而村落肌理演变与集体记忆延续相辅相成，以村落公共空间及其相关活动作为载体建构乡村集体记忆。

学界普遍认为乡村具有经济功能、生态功能、社会及文化功能等。文军、毛丹、田毅鹏等认为，村落的存在有其自身的发展规律及其独特价值，村落不可能完全被“终结”，而乡村价值的多元性会愈发彰显。与一般村落相比，传统村落则更是较为全面地承载和集聚了乡村多种价值和功能。冯骥才认为，传统村落是不同于物质文化和非物质文化的另一类文化遗产，是一种生活生产中的遗产。在长期的农耕生产生活中，传统村落凝聚了以传统农耕生产为载体形成了“惠及苍生”的农业生产价值，以传统聚落空间为载体形成了“天人合一”的生态价值，以聚族而居为载体形成了村落共同体的生活价值，以家风族训和村规民约为载体形成了乡村文化传承与道德教化等综合多元性价值。

从传统村落集体记忆的内涵和主要类型可以看出，乡村集体记忆建构具有道德教化、行为规约、精神慰藉、社会认同、文化传承等功能，是乡村价值传承的重要载体。乡村集体记忆的建构，有助于传统村落的生态价值、政治价值、文化价值等的保护传承。传统村落的传说与习俗等集体记忆，不仅具有保护乡村生态环境、维护生态平衡的作用，还会潜移默化地促进村民养成尊重自然的生态观以及与环境和谐相处、共生共荣的文化记忆。乡村集体记忆渗透在日常生活的符号和实践系统的各种表征之中，是确保集体身份和社会秩序连续性的重要条件。

乡村集体记忆的传承也是乡村共同体意识的延续，村落的发展不能缺少集体记忆，人的记忆因村落的延续而延续。在群体和社会生活中，集体记忆保持了不同时代的连续性，通过集体记忆这种连续的关系，人们的认同感得以长久存在下去，社会得以实现整合。同时，在社会急速转型期，通过传承乡村集体记忆，能够维系村民之间的共同情感和深厚凝聚力，重建村落认同的重要载体，为村民提供共有的精神家园。

（二）传统村落集体记忆及其价值传承与村落可持续发展的互融共促关系

冯骥才认为，在当前经济现代化和乡村城镇化的高速进程中，传统村落的保护必须与村民的生活改善、村落的可持续发展有机结合，要尽快建立传统村落保护法规及其监督与执法机制，同时也需要政府、社会与村民等多元主体的文化自觉。刘馨秋、王思明通过总结中国传统村落所面临的空心化、建设与开发不当、村民意愿与村落保护之间的矛盾等问题，提出要从意识培养、法律法规建设以及保护模式等方面将村落特色与保护相结合。陈华文认为，传统村落保护要回归其多类型、多样式、多形态的本质，让似乎已经失去生命力的传统村落在完成转型后，通过文化重启和保护，获得自由生长的空间和向度，才能真正让中国的传统村落获得生命力和灵魂，走向正常生长的道路。

近年来国内学界关于传统村落保护发展的研究成果众多，或从宏观角度阐述了传统村落保护发展的重要意义、存在问题及政策建议，或从不同的学科视角分析传统村落所具有的经济、生态、社会和文化等多元化价值。虽然关于乡村集体记忆的研究成果为数不少，但主要侧重分析村落中某个因素对乡村集体记忆的影响，缺乏对传统村落所蕴含的完整的集体记忆体系、功能与建构等方面的系统研究，未能关注到传统村落变迁中的“集体失忆”所导致的乡村价值传承载体的断裂、消失，也就难以精准有效地开展传统村落的保护发展工作。传统村落作为具有悠久的人文历史、浓郁的乡风民俗、生态循环的农耕生产以及独特的民居建筑的村民生活共同体，承载了悠久绵长的多元性乡村集体记忆，传统村落集体记忆建构与其多元化价值的传承保护以及村落可持续发展，应该是一个活态的有机体系。冯骥才认为，传统村落的保护与发展不但不矛盾，反倒可以和谐统一，互为动力，两全其美。保护传统村落不是原封不动，而应该是在尊重历史基础上的创造性发展。只有传统村落居民的生活质量得到提高，宜于人居，人们生活其中感到舒适方便，其保护才会更加牢靠。

当下正在实施的乡村振兴战略，是解决人民日益增长的美好生活需要和发展不平衡不充分之间矛盾的必然要求。因此，只有通过挖掘乡村多种功能和价值，补齐农业农村发展短板，统筹谋划农村经济建设、政治建设、文化建设、社会建设、生态文明建设，才能实现乡村全面振兴。为了促进传统村落保护与乡村振兴有机融合发展，必须要对其蕴涵的厚重丰富的集体记忆、综合多元化价值及其载体予以深入剖析，通过将传统村落集体记忆与乡村价值活态传承重塑有机融合，探索乡村价值传承保护的创新机制，方能为促进乡村全面振兴提供理论基础和实践借鉴。

三、乡村振兴战略中传统村落集体记忆与乡村价值传承的有机融合路径

《乡村振兴战略规划》指出，历史文化名村、传统村落、少数民族特色村寨、特色景观旅游名村等自然历史文化特色资源丰富的村庄，是彰显和传承中华优秀传统文化的重要载体。要准确把握乡村振兴的科学内涵，挖掘乡村多种功能和价值，促进乡村全面振兴。在新时代乡村振兴以及城乡融合的新形势下，传统村落所具有的生产价值、生态价值、生活价值以及文化传承与教化价值等综合多元性价值，愈发凸显。在实施乡村振兴战略过程中，要通过激发政府、社会、村民等多元主体的文化自觉，重构传统村落集体

记忆体系，进一步发掘、整合、传承与拓展传统村落所蕴藏的多样化集体记忆和多元性价值，激发乡村内源式发展动力，探索构建传统村落集体记忆与乡村价值活态传承有机融合的基本路径，从而有效促进传统乡村全面振兴。

（一）传承和重构以自然农法为核心的传统农耕文化集体记忆，再造生态循环的乡村产业兴旺

先民为了延续宗族繁衍，在有限的自然资源中择址定居，或择沃土改良田而稼穑，或逐肥美水草而牧渔，或踞高山茂林而采猎，逐渐形成了“遵天时、顺地利、勤劳作、重节俭”的“道法自然”的传统农业耕作方式。同时，为了能够长期地“靠山吃山、靠水吃水”，村民十分注重对自然资源的循环利用，以及人与自然的和谐共生，从而形成了以自然农法为核心的农业生产方式，以及独特的农业信仰和民间习俗。例如，从事农耕生产的村民为了保护和恢复地力，一方面适当采取轮作与休耕的方式使有限的耕地肥力得以恢复；另一方面通过闲余劳动力和闲暇时间发展以家庭饲养业、手工加工业为主的庭院经济，既可以充分利用厨余废弃物和稻草秕谷喂养家禽家畜，利用竹木藤条等自然资源开展各种手工加工业，增加家庭副业收入，又可以有效利用畜禽粪便和草木灰作为农家肥改良土壤增加耕地肥力，实现了农耕生产和乡村生活的生态有机循环。地处山区和湖区、海边的村民则以各种乡规民约或民间信仰等形式，自觉地在野生动植物孕育繁衍时期主动禁猎禁渔禁采等，加强对自然生态资源的保护和循环利用，实现生产、生活与生态的有机融合。

面对工业化、市场化的激烈竞争态势，单一依靠弱质性的传统农业无法使村民增收致富，乡村难以可持续发展，片面地实行农业工业化模式也只能加速乡村的衰亡。因此，在乡村振兴和城乡融合发展中，必须要立足乡村特色资源，动员和凝聚乡村内源式发展力量，充分挖掘和重构传统乡村的集体记忆，发挥和利用乡村综合多元性价值，才能有效促进传统乡村的可持续发展。对于那些农耕文化积淀深厚、传统产业优势明显以及仍然具有良好农业生产条件的传统村落，以留村的中老年村民为主体，以村落精英为引领，以互助合作为平台，通过传承以自然农法为核心的传统农业耕作文化的集体记忆，充分整合利用独特的农业生产资源，再造有机循环农业，实行以生态农业生产为基础、拓宽农副产品加工、开展多元化乡村旅游服务为目标的三产深度融合发展，促进乡村产业兴旺，有效增加农民收入，提高农民生活水平。

（二）传承和重构“天人合一”的乡村生态聚落空间集体记忆，重建生态宜居的“美丽乡村”

中国农村地域广阔，各地自然环境、人文历史差别很大，从而形成了各具特色的传统村落。传统村落的选址布局大多是遵循着山、水、林、地、人“天人合一”的原则，先民在建村伊始，充分考虑自然环境和生态资源条件，将村庄的选址布局与村域周边的山、水、林、地等自然生态环境融为一体，逐渐形成了与自然环境和生态资源相适宜的

“一方水土养一方人”的乡村生产生活方式，从而营造了一个个适宜村民世代繁衍生息的聚落空间。长期以来，在传统村落中形成了“回归自然”“勤劳节俭”“天人合一”“耕读传家”等的生活理念和生活方式。

改革开放以来，随着城市化和工业化的快速发展，乡村生活方式越来越城市化，在追求舒适、便捷以及“消费主义”的单向逻辑中，乡村地区曾普遍出现垃圾遍地、水体污染以及不健康的生活方式等问题，乡村生态环境不断恶化，人们不断逃离乡村家园。近年来，随着国家提出并强化实施“绿水青山就是金山银山”的生态文明理念、美丽乡村建设和乡村生态振兴等新发展理念，已经开始激活和重构“天人合一”的乡村生态聚落空间集体记忆，即基于山、水、林、地、人“天人合一”的乡村生态环境，重建生态和谐宜居的“美丽乡村”，这样既可以使逐渐富裕起来的村民安居乐业，又可以吸引期待“看得见山、望得见水、记得住乡愁”的城市居民来休闲旅游，并在可持续发展的意义上真正建设为传统村落多元价值传承与重建生态宜居的“美丽乡村”。

（三）传承和重构以家庭生活价值、道德教化价值为核心的村落共同体集体记忆，重塑和谐宜居的“幸福乡村”

在传统乡村社会中，村民多秉承“耕读传家”的族训，族内乡贤依托“学田”“族田”设立私塾，尊师重教，以传统家风族训和淳朴的乡风民俗德化育人。然而，在快速城市化、工业化等各种现代化因素的裹挟之下，大量传统村落迅速消失，传统乡村社会所固有的“守望相助”“积德行善”“耕读传家”等村落共同体集体记忆正逐渐淡化，乡村文化日趋荒漠化及至断根，从而导致越来越多的人怀念“乡田同井，出入相友，守望相助，疾病相扶持，则百姓亲睦”的乡村共同体的生活价值。村民随着物质生活水平以及对精神追求的不断提高，逐渐体会到拥有天伦之乐的家庭生活、守望相助的邻里互助以及和谐共融的熟人社会，才是真正的乡村幸福生活。近年来，在各级政府、社会力量与新乡贤等共同参与下，许多村落中都建起了文化礼堂（文化大院），挖掘整理“和、孝、勤、俭、恭、让”等乡风民俗以及优良的家风族训，开展丰富多彩的乡村文化活动，重新激发村庄的内生力量，使昔日衰败的“空心村”重新成为“老有所依所乐、壮有所业所为、少有所养所教”的幸福乡村。

（四）构建传统村落集体记忆与乡村价值传承的有机融合机制，有效促进传统乡村全面振兴

从传统村落变迁发展过程中可以看出，传统村落集体记忆重构与其多元化价值传承保护应该是一个有机体系，一旦传统村落失去了集体记忆的载体和原有的生产生活价值，就无法适应现代生产生活方式的变化，必将衰败或终结。因此，要构建传统村落集体记忆与乡村价值传承的有机融合机制，就要科学全面地充分认识到传统村落所具有的农耕生产、宜居生活、文化传承与道德教化等多元综合性价值，并以此为出发点因地制宜地探索开展传统村落的科学规划，促使传统村落的综合多元性价值传承与活态保护发展工

作有机融合，以保护促发展，以发展强保护。一方面，要全面挖掘、整理、保护及有效利用传统村落的历史、文化、艺术、科学、经济、社会等丰富多彩的集体记忆与多元价值；另一方面，要坚持以民为本的保护利用原则，注重在传统村落保护发展中将乡村集体记忆及其价值活态传承与原住民生产生活的乡土性、便捷性、舒适性和延续性等统筹融合，让村民共享乡村发展成果，实现安居乐业，满足其不断提高的美好生活需求，并最终实现传统村落多元性价值的活态传承和可持续发展。

图书在版编目（CIP）数据

浙江乡村振兴研究报告．2021／浙江农林大学浙江省乡村振兴研究院编．—北京：中国农业出版社，2022.9

ISBN 978-7-109-29922-1

Ⅰ．①浙…　Ⅱ．①浙…　Ⅲ．①农村—社会主义建设—研究报告—浙江—2021　Ⅳ．①F327.55

中国版本图书馆CIP数据核字（2022）第158014号

中国农业出版社出版

地址：北京市朝阳区麦子店街18号楼

邮编：100125

责任编辑：贾　彬　　文字编辑：耿增强

版式设计：王　晨　　责任校对：吴丽婷

印刷：中农印务有限公司

版次：2022年9月第1版

印次：2022年9月北京第1次印刷

发行：新华书店北京发行所

开本：787mm×1092mm　1/16

印张：10.75

字数：235千字

定价：68.00元
